El caos cotidiano

Las matemáticas de lo impredecible, desde el mercado de valores hasta las listas de éxitos o el tiempo

BLUME

Brian Clegg

Contenido

El caos cotidiano

BLUME

Título original *Everyday Chaos*

Edición Nigel Browning, Kate Shanahan,
Clare Saunders y Richard Webb
Diseño Koen Slothouber y Sandra Zellmer
Traducción Alfonso Rodríguez Arias
Doctor Ingeniero Industrial
Coordinación de la edición en lengua española
Cristina Rodríguez Fischer

Primera edición en lengua española 2021

© 2021 Naturart, S.A. Editado por BLUME
Carrer de les Alberes, 52, 2°, Vallvidrera
08017 Barcelona
Tel. +34 93 205 40 00 e-mail: info@blume.net
© 2020 UniPress Books Ltd., Londres

I.S.B.N.: 978-84-18725-44-9
Depósito legal: B.11652-2021
Impreso en China

WWW.BLUME.NET

Quiebras del mercado de valores y superéxitos

Dominio del caos

Complejidad y emergencia

Introducción

Los científicos y los matemáticos tienden a tomar términos del lenguaje común y darles significados muy específicos. Por ejemplo, en la práctica cotidiana se suelen utilizar casi como sinónimos «potencia» y «energía». Sin embargo, en la física, el término potencia define específicamente la cantidad de energía transmitida en la unidad de tiempo. De un modo semejante, las palabras «caos» y «complejidad», que serán fundamentales en lo que se expone en el presente libro, tienen un carácter ampliamente descriptivo en su uso general, pero, en matemáticas, tienen significados que implican características particulares.

Coloquialmente, cuando hablamos del caos, pensamos en algo revuelto, desordenado, azaroso. La palabra tiene su origen en la latina *chaos*, que a su vez deriva de la griega que describía lo primero que existió, el estado amorfo, informe e impreciso en que se encontraba la materia antes de la ordenación del universo. La palabra griega significaba también abertura o abismo y, en cualquier caso, denotaba una carencia de estructura. El caos sembraba confusión y era una fuerza destructiva. No definía nada bueno, por lo que fue el término elegido para describir las matemáticas del comportamiento de un número sorprendentemente grande de cosas en nuestro entorno. Aplicado en un principio al crecimiento de la población animal y al tiempo climático, el caos en su sentido matemático es típico de un sistema, un conjunto de cosas que interactúan, en el que una pequeña diferencia en el modo en que se originan puede conducir a enormes implicaciones en cómo se desarrollan finalmente.

Si el caos implica impredecibilidad, el desorden que surge de puntos de partida aparentemente ordenados, el concepto matemático de complejidad es una especie de *alter ego* (aunque los sistemas caóticos pueden ser complejos). En un sistema complejo, la interacción de componentes aparentemente simples lleva a resultados que de otro modo no hubieran sido posibles. La complejidad es llevar al extremo la expresión «el todo es más que la suma de sus partes».

→
Desenmarañando el caos
Ilustración del grabador del siglo XVI Hendrick Goltzius para *Metamorfosis*, el poema de Ovidio del siglo I.

OVIDII METAM. LIB. I.

E tenebris, deforme Chaos scissit eborta
Luce, suoq; loco sunt queq; Elementa locata

Astra polo radiant, quibus imminet igneus Æther,
Aera subsequitur Pontus, subit ultima Tellus,

F. E. Stius

En el lenguaje común, «complejidad» hace referencia a algo que consta de muchas partes o que tiene una forma intrincada. Sin embargo, la complejidad matemática puede surgir de un sistema relativamente pequeño, aunque también lo puede hacer de un mecanismo intrincado. En resumen, un sistema no necesita ser «complejo» para serlo matemáticamente.

Una característica de un sistema complejo es la emergencia. Es aquí donde se hace válido el concepto de «más que la suma de las partes». La emergencia sugiere que del sistema complejo «emergen» espontáneamente nuevas propiedades sin que haya una fuerza rectora responsable de la conformación de esas nuevas propiedades. El lector, por ejemplo, es un sistema complejo. Si analizamos todos los átomos individuales que forman su cuerpo en su totalidad, constatamos que no están vivos. Sin embargo, él sí lo está. Si subimos al siguiente nivel, podríamos determinar que las células de su cuerpo están vivas, pero no son capaces de pensar, o sentir, o realizar las acciones que hace el cuerpo. Estas propiedades o características son emergentes de la complejidad que es la persona del lector.

Quizá lo más notable del caos y la complejidad es su presencia en toda la naturaleza que nos envuelve. Están en todos los seres vivientes, en el tiempo, en la mayor parte de las cosas del mundo real con las que interactuamos. También están presentes en muchas creaciones y sistemas humanos, desde el mercado de valores a una librería. En la escuela no nos enseñan nada sobre el caos y la complejidad. Tampoco están presentes en una gran cantidad de los trabajos realizados por científicos, que, a menudo, se concentran en los pequeños detalles, con resultados que no son aplicables holísticamente.

Gran parte de la ciencia puede describirse como reduccionista; descompone algo complicado en sus componentes para estudiar cómo funcionan, y los vuelve a unir para intentar entender cómo es el conjunto. Por ejemplo, una reacción química en el mundo real puede ser caótica. Cualquiera que haya añadido ácido sulfúrico concentrado al agua sabe que el resultado depende en gran manera de cómo se inicia el proceso. Sin embargo, cuando estudiamos química, descomponemos los compuestos en sus átomos componentes y solo analizamos el modo en que interactúan.

Las dos teorías hermanas del caos y la complejidad nos proporcionan la posibilidad de alcanzar una mejor comprensión del mundo real, bastante mejor que el universo de juguete en el que se desenvuelven la mayor parte de las ciencias. El mundo real es mucho más complejo, caótico, y, francamente, más interesante de lo que sugieren las ciencias que aprendimos en la escuela. Estamos a punto de sumergirnos en él y descubrir la realidad.

Bienvenidos al caos cotidiano.

Qué será, será

En los últimos 2000 a 2500 años, hemos desarrollado un número creciente de perspectivas científicas, apoyadas a menudo por las matemáticas. En algunos casos, este enfoque ha resultado notablemente efectivo. Sin embargo, con demasiada frecuencia, el mundo real ha frustrado los intentos de la ciencia para predecir lo que deparará el futuro.

Debimos esperar hasta la segunda mitad del siglo XX para darnos cuenta de lo que sucedía. La interacción de los componentes de un sistema, desde un aparentemente sencillo péndulo a los sistemas enormemente detallados de los pronósticos del tiempo, causaban resultados inesperados. Al mismo tiempo, grupos de entidades sencillas son capaces de ejecutar obras notables; piense, por ejemplo, en la habilidad de algunas especies de hormigas, que, como entes individuales serían incapaces de ningún acto útil, pero que, mediante un trabajo conjunto, pueden utilizar sus cuerpos para construir puentes, coser hojas y transportar cargas considerables.

Para ver el modo en que llegamos a comprender el caos y la complejidad, debemos dar un paso atrás en el tiempo hasta el momento en que parecía que el futuro estaba totalmente al alcance de nuestras mentes matemáticas. Gracias a los trabajos de Isaac Newton, sus sucesores estaban convencidos de que muy pronto sería posible enfrentarse al universo y vencer.

Migración de estorninos
De la interacción de las aves en vuelo emergen complejas formas cambiantes.

1
Mecanismo de relojería y caos

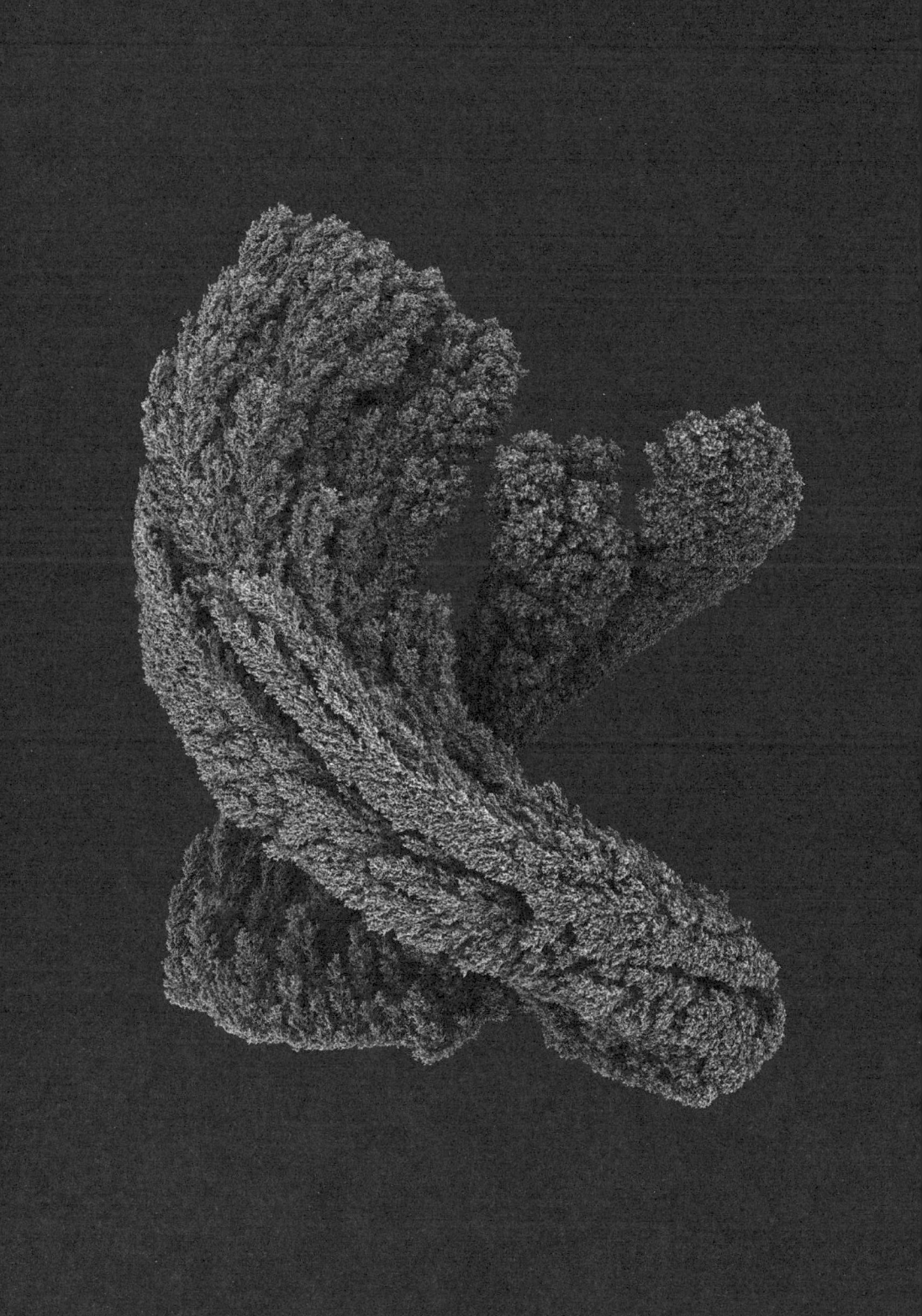

Newton, Laplace y el sorprendente universo determinístico

«Un intelecto que conociera en un momento determinado todas las fuerzas que animan la naturaleza y la posición relativa de los entes que la componen, si fuera lo suficientemente vasto para analizar los datos, podría reflejar en una única fórmula el movimiento de los grandes cuerpos del universo y de los más ínfimos átomos; para ese intelecto nada sería incierto y tanto el futuro como el pasado se presentarían ante sus ojos».
Pierre-Simon, marqués de Laplace, 1749–1827

La fluidez del tiempo

En nuestros días, en los que la tecnología forma parte de nuestra vida normal y cotidiana, es muy fácil olvidar el papel tecnológico transformador desempeñado por el reloj mecánico. Antes de que existieran los relojes, el tiempo era siempre algo aproximado, con puntos de referencia muy imprecisos. Todo el mundo podía hacer referencia al tránsito aparente del Sol en el cielo o al movimiento del firmamento por la noche (si no estaba nublado). Los más acomodados podían disponer de un reloj solar, o de una clepsidra que medía el tiempo mediante el flujo regulado de un líquido que goteaba por un pequeño orificio en su parte inferior, o medirlo por la combustión de una vela calibrada. Sin embargo, no existía un concepto definido de exactitud. Esto lo revelan algunas expresiones que han perdurado como «las arenas del tiempo» que hacen referencia a los relojes de arena, o el modo de expresarse en función de la posición del Sol en el cielo cuando se usan términos como amanecer, mediodía y anochecer.

Hoy en día, nuestras vidas están tan ligadas a la tecnología que la precisión del tiempo puede ser una carga, pero cuando se inventaron los relojes mecánicos fueron considerados una revelación maravillosa. No solo era posible saber exactamente la hora para poder hacer una cita a una hora determinada sin tener que esperar una hora o dos, sino también para poder cumplir los preceptos de las distintas religiones que estaban relacionados con tiempos determinados, y para la ciencia. Disponer de un medio para observar el progreso del tiempo fue fundamental para empezar a comprender cómo funcionaban algunos aspectos del universo. No es casual que los grandes avances en la física del movimiento llegaran a Europa al mismo tiempo que crecía el empleo de los relojes bastante precisos.

Parece ser que los primeros relojes mecánicos se crearon en Europa en el siglo XIV. Es difícil determinar cuál fue el primero, pero uno de los ejemplares más antiguos fue el de la abadía de San Albano en Inglaterra, construido por Richard de Wallingford en la década de 1320. Este no sobrevivió a la reforma, pero otro de los primeros relojes ingleses, en la catedral de Salisbury, de hacia 1386, funciona todavía hoy. Como muchos relojes de la época, no tenía dial, y el objeto del mecanismo era hacer sonar una campana a determinadas horas del día para convocar a los servicios religiosos programados.

En los primeros relojes, el mecanismo del escape, que mide la unidad de tiempo, no era lo bastante preciso desde el punto de vista actual. Las mediciones relativamente precisas del tiempo no se lograron hasta 1656, cuando el científico holandés Christiaan Huygens inventó un reloj con el batido regulado por un péndulo. Contemporáneo de *sir* Isaac Newton, Huygens se cuenta entre los que dieron un sentido más matemático a la física.

Pocas décadas antes, cuando Galileo Galilei necesitó introducir el tiempo en sus estudios de los objetos en movimiento, se vio obligado a recurrir a mediciones imprecisas como, por ejemplo, su propio pulso. Sin embargo, con Newton, las matemáticas desempeñaron un papel fundamental en su explicación del universo, por lo que necesitó el tipo de precisión que proporcionaban los relojes de Huygens y sus sucesores. Los mecanismos de relojería no solo ponían a disposición el modo con el que medir el tiempo de los movimientos, sino que creaban un modelo mental en el que basar la comprensión del universo en sí.

El legado de Newton

Desde que los antiguos griegos estudiaron por primera vez el cielo nocturno, el universo fue considerado una estructura mecánica, con esferas de cristal que soportaban los astros y las estrellas, como si fueran los engranajes de una máquina. Sabemos que los griegos construyeron un modelo mecánico con engranajes (es probable que más de uno) que reflejaba algunos de los movimientos de los cuerpos celestes con el notable mecanismo Antikythera, una calculadora astronómica de h. 100 a. C., que se encontró en un pecio frente a las costas griegas en 1901.

Muchos relojes astronómicos espectaculares, de los que un ejemplo extraordinario es el *Orloj* de Praga, en la República Checa, que data de 1410, presentaban, mediante un mecanismo de relojería, numerosos aspectos del universo, en tanto que los pequeños, los planetarios mecánicos, reproducían modelos heliocéntricos de su universo (lo que hoy denominamos el sistema solar), que mostraban

→
Reloj astronómico de Praga (*Orloj*), detalle
Dial que muestra los recorridos del Sol y de la Luna, las fases de la Luna, y más.

→ →
Reloj astronómico de Praga (*Orloj*)
Es probable que la visión matemática del universo de Laplace influyera en la precisión de los relojes astronómicos como este magnífico ejemplar de 1410 en la pared sur del Ayuntamiento de la Ciudad Vieja de Praga.

PHILOSOPHIÆ
NATURALIS
PRINCIPIA
MATHEMATICA.

Autore *IS. NEWTON*, *Trin. Coll. Cantab. Soc.* Matheseos
Professore *Lucasiano*, & Societatis Regalis Sodali.

IMPRIMATUR·
S. PEPYS, *Reg. Soc.* PRÆSES.
Julii 5. 1686.

LONDINI,

Jussu *Societatis Regiæ* ac Typis *Josephi Streater.* Prostat apud
plures Bibliopolas. *Anno* MDCLXXXVII.

Los *Principios* de Newton
Portada de la primera edición de *Philosophiae naturalis principia mathematica*, la obra maestra de Isaac Newton, publicada en 1687 (el libro debería haberse publicado en 1686, pero los fondos no eran suficientes).

las posiciones y las órbitas de los planetas y satélites, accionados usualmente por un mecanismo de relojería.

Se trataba de modelos «físicos». Sin embargo, gracias a los trabajos de Isaac Newton, surgió un nuevo modelo para los filósofos naturales (nombre con el que se conocía a los científicos): un modelo matemático. Newton no fue el primero en describir la física del movimiento. Por ejemplo, Galileo ya había iniciado el estudio de cómo se aceleraba una bola por la acción de la gravedad cuando se deslizaba por un plano inclinado. Sin embargo, Newton convirtió una ciencia que había sido básicamente descriptiva en una en la que las matemáticas se podían utilizar para determinar el futuro.

En su obra maestra, *Philosophiae naturalis principia mathematica* (*Principios matemáticos de la filosofía natural*), Newton utilizó herramientas matemáticas para definir cómo la fuerza de atracción de la gravedad entre dos cuerpos, como la Tierra y la Luna, era la causa de que se movieran en órbitas definidas, o que los objetos, como la famosa manzana, cayeran hacia la Tierra. También formuló sus tres leyes del movimiento, que explicaban cómo se mueven los cuerpos y el modo en que las fuerzas los hacen acelerarse o interactuar entre ellos.

Para alcanzar este logro, Newton desarrolló un nuevo tipo de herramientas matemáticas que denominó «método de las fluxiones» que hoy conocemos como cálculo, el nombre que le dio su competidor, el polímata alemán Gottfried Leibniz. Con estas nuevas herramientas, sus sucesores fueron capaces de estudiar todo el universo, y el que lo hizo de forma brillante fue su seguidor europeo más entusiasta, el filósofo natural Pierre-Simon Laplace.

Esta hipótesis no es necesaria

En sus trabajos sobre la gravedad, Newton se centró en los movimientos de los cuerpos en el sistema solar. Laplace tuvo una visión más amplia. Nacido en 1749 en el seno de una familia aristocrática, mostró un gran talento para las matemáticas desde su más temprana edad, que dio sus frutos cuando abordó muchos de los problemas de aplicación de aquellas al universo y de su empleo en casos prácticos de la física y la ingeniería. Sin embargo, desde nuestro punto de vista, la aportación más importante de Laplace fue el concepto de determinismo.

Con él, se lleva a su máximo extremo la descripción matemática de la realidad. Laplace imaginó un universo como un mecanismo de relojería en el que todo lo que ocurre viene determinado exactamente por lo ocurrido en el momento anterior, siguiendo la mecánica de las leyes de Newton. Para ilustrar las implicaciones de esta visión del universo, Laplace imaginó su «demonio». Su descripción en 1814 de esta creación, que describió como «un intelecto», se cita al inicio de este capítulo.

Según la concepción de Laplace, si alguien pudiera conocer todos los detalles del estado del universo en un momento determinado, sería capaz, gracias a las certezas matemáticas de Newton y las matemáticas de Laplace, de predecir exactamente los que sucedería en los momentos sucesivos. Todo estaría predeterminado para la eternidad.

Siempre, como seres humanos que somos, hemos querido conocer el futuro. Las civilizaciones antiguas tenían sus oráculos y augures, medios místicos y mágicos para asomarse al futuro. La astrología, hasta finales de la Edad Media, formaba parte del acervo científico, partiendo de la base de que el movimiento de los planetas influía en lo que ocurría en la Tierra; a menudo recurrían a ella reyes y plebeyos por igual. A partir de las observaciones de Galileo, Newton fue capaz de soslayar el misticismo y hacer predicciones de matemáticas superiores a las de los oráculos y los astrólogos. Funcionaban. Una y otra vez predecían lo que iba a suceder.

Las matemáticas de Newton no solo describían cómo se movían los objetos en nuestro entorno, sino que vinculaba los movimientos conocidos de los objetos en la Tierra con aquellos aparentemente más grandes y totalmente separados de los cuerpos celestes. Mostraban que, por ejemplo, se podía predecir el recorrido de la Luna alrededor de la Tierra a partir de los simples factores de las masas y la distancia entre ambos cuerpos. Algunos llegaron más lejos. Edmond Halley, amigo y seguidor de Newton (quien consiguió que se publicaran sus *Principios*), utilizó sus matemáticas para hacer un cálculo preciso sobre la fecha de vuelta del cometa que hoy se conoce con su nombre. No vivió lo suficiente para contemplar su triunfante reaparición, pero la predicción de Halley fue correcta. El cometa regresó puntualmente.

Laplace fue aun más allá. Era de la opinión de que partiendo de un conocimiento perfecto de cómo eran las cosas en un momento determinado, era posible aplicar el modelo matemático del universo al futuro y ver lo que iba a ocurrir en cualquier otro momento, paso a paso. Era una visión global de un reloj universal que se movía sobre pistas inamovibles. Sin embargo, para muchos parecía inverosímil. ¿Cómo podría la realidad estar tan alejada de ese ideal matemático?

→

Zodíaco astrológico
Ilustración española del siglo XIV de los signos del zodíaco que muestra cuándo el Sol entra en cada signo.

La aleatoriedad es predecible

«Si así fuera, preferiría haber sido
zapatero remendón, o incluso empleado
en un casino, antes que físico».
Albert Einstein, 1879-1955

→
Albert Einstein
A pesar de ser uno de
los fundadores de la física
cuántica, Einstein (fotografiado
aquí en 1921) se mostraba
reacio a aceptar la aleatoriedad
inherente a la teoría.

La aleatoriedad en la realidad

Para que el concepto de Laplace funcione, todo lo que sucede
en todo momento debe seguir a algo o precederlo, con una clara
relación de causa-efecto. Era un universo que hoy calificaríamos
como determinístico, lo que significa que cualquier cosa que
ocurre ahora viene determinada, clara e inequívocamente, por
todo lo ocurrido en el momento anterior. Sin embargo, había un
gran problema que bloqueaba la visión del universo de Laplace:
la aleatoriedad.

La idea de que hay cosas que pueden suceder al azar sin razón
previa alguna es natural entre los seres humanos. Comprendemos
el mundo que nos rodea a través de patrones, y nos resulta difícil
aceptar que pueda suceder algo sin principio que lo guíe, sin un
por qué. Esta dependencia de los patrones es excelente cuando
nos lleva a darnos cuenta de la presencia de un depredador o si nos
hallamos en una situación peligrosa, pero significa también que
vemos fantasmas donde no los hay, o asumimos, por ejemplo, que
un desastre debe atribuirse a la acción directa de una deidad, al
destino o a la intervención malévola de un poder mágico.

En realidad, desde la más remota antigüedad, estaba claro que,
de todos los puntos de vista, algunos sucesos se debían al azar,
como el resultado de lanzar una moneda al aire o de tirar los dados,

lo que llevó a que estos sucesos fueran objeto de los juegos de azar. Sin embargo, nuestra escasa disposición a aceptar la aleatoriedad presente en el mundo real explica también nuestra tendencia a dejarnos engañar por los procesos basados en dicha aleatoriedad, tanto si es en los casinos o en la esperanza de que tras una especial «racha de suerte» podamos esperar un cambio de fortuna.

A medida que las matemáticas se iban haciendo más potentes, se pudo constatar que, aunque la aleatoriedad era impredecible por definición en términos de un solo suceso, se comportaba prediciblemente a largo plazo. Por ejemplo, no podemos saber qué número saldrá al tirar un dado bien equilibrado (no trucado). Puede ser del 1 al 6. Sin embargo, lo que sí sabemos es que después de un número suficiente de tiradas, todas las caras aparecerán aproximadamente el mismo número de veces. No podemos predecir el resultado de una tirada, pero sí podemos predecir un comportamiento a largo plazo, y cuantas más veces se repite un suceso, tanto mayor es la precisión de la predicción.

La confusión cuántica

La importancia de la aleatoriedad para la ciencia se puso de manifiesto en la primera parte del siglo XX con el desarrollo de la teoría cuántica. Esta trata la física de lo muy pequeño, como los átomos, los electrones y los fotones de luz, y muestra que gran parte del comportamiento de estas partículas depende del todo de la probabilidad. El resultado de cada uno de los sucesos es total e inherentemente impredecible, pero, con el tiempo, el patrón de los resultados es predecible por completo.

Esta aleatoriedad hizo que Albert Einstein, uno de los fundadores de la teoría cuántica, llegara a dudar de ella; pasó décadas buscando los fallos de la teoría y no los llegó a descubrir. Veamos un ejemplo sencillo: la reflexión de la luz en el cristal de una ventana. Cuando la luz incide en ella, la mayor parte pasa a su través, pero una parte se refleja. Esto sucede siempre, pero resulta más evidente cuando una cara de la ventana está mucho más iluminada que la otra, como ocurre, por ejemplo, cuando por la noche se está en el interior de una habitación iluminada. Al mirar a la ventana, lo que se ve claramente es el reflejo de la habitación en la que se está, no lo que se halla en el exterior.

Aunque lo que se ve es la habitación que está a la espalda, no es porque su luz no pase a través de la ventana, ya que gran parte de ella sí lo hace. Lo que se ve es la pequeña parte de esta que se refleja. (Esto ocurre siempre, no solo durante la noche, pero

Fotones
Aunque durante mucho tiempo se asumió que la luz era una onda, la teoría cuántica demostró que la luz se comportaba también como un flujo de partículas, denominadas fotones.

durante el día la imagen se desvanece por la intensidad de la luz que entra del exterior). La probabilidad entra en acción cuando consideramos los fotones individuales constitutivos de la luz que sale de la habitación. Cuando un fotón alcanza el cristal, hay una probabilidad de aproximadamente el 95 % de que lo atraviese, y un 5 % de que sea reflejado. Sin embargo, nunca se puede predecir lo que hará un fotón individual.

Einstein consideró que debían haber «variables ocultas», es decir, información disponible para el fotón, pero no para nosotros, que le permitía «saber» lo que tenía que hacer al llegar al cristal. Esta es la razón por la que hizo una serie de observaciones poniendo en duda la teoría cuántica, como su comentario sobre ser un zapatero remendón citado en la página 22, extraído de una carta a su colega, el físico Max Born. Sin embargo, en la actualidad, hay pruebas indudables de que no es así. El fotón tiene una probabilidad de reflejarse y otra de atravesar el cristal, pero hasta que no llega el momento no hay nada que decida lo que ocurrirá. Esta es la verdadera aleatoriedad.

El poder de la probabilidad

«El azar favorece únicamente
a las mentes preparadas».
Louis Pasteur, 1822–1895

¿Qué es el azar?

Los juegos basados en la probabilidad de que suceda algo se
remontan a la antigüedad. No se sabe exactamente quién fue
el primero en descubrir que al lanzar una moneda al aire se
obtenían resultados alternativos de caras y cruces razonablemente
impredecibles, pero lo que sí está claro es que, durante miles de
años, se utilizó para establecer elecciones arbitrarias, juegos
de adivinación y de azar.

También los dados, o sus primitivos equivalentes, son muy antiguos.
Los arqueólogos han encontrado astrágalos (tabas) utilizados como
dados toscos, de más de 5000 años de antigüedad, y entre los
juegos de mesa conocidos más antiguos se encuentran «tableros»
semejantes a los del *backgammon*. Mientras existieron estos juegos
de azar, parecía que los buenos jugadores tenían el instinto de
cómo funcionaban las probabilidades, pero fue necesario esperar
hasta el siglo XVI para que el físico italiano Girolamo Cardano,
jugador empedernido, empezara a cuantificar las reglas de la
probabilidad y escribiera un libro al respecto.

Aunque Cardano era un veinteañero cuando escribió su *Liber de
ludo aleae* (*Libro de los juegos de azar*) y continuó mejorándolo
durante toda su vida, no se publicó hasta 1663, casi un siglo
después de su redacción, ya que el tema no era considerado
«adecuado» para la sociedad.

→

Los jugadores de backgammon
Cuadro del 1634 del artista
flamenco Theodoor Rombouts
que reproduce una partida de
backgammon.

MECANISMO DE RELOJERÍA Y CAOS

La probabilidad es un concepto que utilizamos con naturalidad, y la gran aportación de Cardano para comprender su naturaleza fue convertir las probabilidades en fracciones más manejables. Imaginemos que tenemos una moneda perfectamente equilibrada y la lanzamos 100 veces. ¿Cara o cruz? Cabría esperar que saliera unas 50 veces cara y otras 50 cruz. Cardano se percató de que se podía expresar la posibilidad de que saliera cara como ½ y de que saliera cruz, también ½. Cuanto mayor fuera este valor, tanto más probable sería que se produjera un suceso, con lo que el valor 1 significaría la certeza absoluta y 0 la seguridad de que no se produciría. Cuando se lanza una moneda (a no ser que caiga de canto), la posibilidad de que salga cara o cruz es de ½ + ½ = 1.

De una manera parecida, con un dado de seis caras, la probabilidad de que salga un determinado número es ⅙. Una vez que nuestro erudito jugador encontró una aproximación matemática de la probabilidad, empezó a considerar cómo combinar los diferentes resultados para determinar la posibilidad de que saliera una combinación determinada. Por ejemplo, si queremos saber la probabilidad de que salga un cinco o un seis, basta sumar las probabilidades, lo que nos da ⅙ + ⅙ = ⅓.

Cardano trató también el problema mucho más complicado de combinar probabilidades diferentes. Veamos un ejemplo: sabemos que la probabilidad de sacar un seis con un solo dado es de ⅙. ¿Cuál es la probabilidad de sacar un doble seis con dos dados? Cardano demostró que es un sencillo problema de multiplicación: ⅙ × ⅙ = ¹⁄₃₆. Pero, ¿cuál será la probabilidad de que salga por lo menos un seis con dos dados? Está claro que será mayor que la de que salga con un solo dado, pero no podemos doblar la probabilidad de ⅙, ya que, de ser así, se tendría la seguridad de sacar un seis tirando seis dados, lo que sabemos que no es cierto. Cardano lo enfocó con un proceso de pensamiento lateral. La probabilidad de no sacar un seis con el primer dado es de ⅚. La de *no* sacarlo con el segundo dado es también ⅚. Por tanto, la probabilidad de no sacar un seis con los dos dados es ⅚ × ⅚ = ²⁵⁄₃₆. Como la suma de las probabilidades de todos los sucesos debe ser igual a 1, la de sacar un seis es de ¹¹⁄₃₆.

El poder de las distribuciones

Si nos centramos en la aleatoriedad y la probabilidad, sucede que, a menudo, el resultado no es tan claro como en los juegos de azar en los que las probabilidades de los diversos resultados se conocen de antemano (siempre que la moneda no tenga doble cara y que los dados no estén cargados).

Una vez que se dispone de las herramientas matemáticas de Cardano, hay un requisito fundamental para manejar la aleatoriedad y la probabilidad en el mundo real: el conocimiento de las distribuciones, es decir, una imagen de cómo se reparten los distintos resultados posibles dado que, por ejemplo, algunos resultados pueden ser más posibles que otros.

Si pensamos en la distribución de posibilidades del lanzamiento de una moneda, lo que tendremos de hecho será un gráfico de barras con los dos resultados posibles. Podemos llegar a trazar este gráfico de barras tirando la moneda muchas veces y anotando las veces que sale cara o cruz. Al principio, es posible que un resultado se produzca un número de veces significativamente superior al otro, pero, con el tiempo, los resultados se irán igualando hasta alcanzar la distribución esperada.

De un modo parecido, podemos trazar el gráfico de una distribución de los resultados obtenidos al tirar un dado de seis caras, e igualmente podríamos obtener esta distribución sin conocer previamente el resultado, tirando el dado un gran número de veces. Esto adquiere un mayor interés si buscamos la distribución de los valores que resultan de tirar dos dados simultáneamente y sumar los puntos que muestran. El valor puede ser de 2 a 12, pero no todos los valores tienen la misma probabilidad de suceder. En este caso, la distribución no es solo más interesante, sino que nos puede anticipar algo como, por ejemplo, que el resultado de la suma más frecuente al tirar los dos dados simultáneamente es 7.

Distribución normal
Conocida también como distribución de Gauss, la distribución normal es simétrica a ambos lados del resultado más probable, con largas «colas» aplanadas a ambos lados que reflejan los resultados menos probables.

En el mundo que nos rodea, cuando algo sucede aleatoriamente, su distribución tiene a menudo la forma de una «distribución normal», que a veces recibe el nombre de campana de Gauss por la forma de su gráfico. Por ejemplo, si registramos las alturas de un grupo de personas, observaremos que las estaturas de los hombres y de las mujeres se distribuyen, en ambos casos, en una forma aproximada a la de la distribución normal.

Distribución de los resultados en el experimento de lanzar una moneda después de 100 lanzamientos
A medida que se realizan más y más lanzamientos, la distribución se acerca más al 50:50 de caras y cruces.

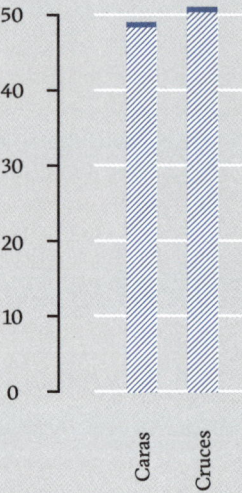

Distribución de los posibles resultados que se pueden dar tirando dos dados
No todos los resultados de tirar dos dados son igualmente probables: la distribución muestra las probabilidades relativas.

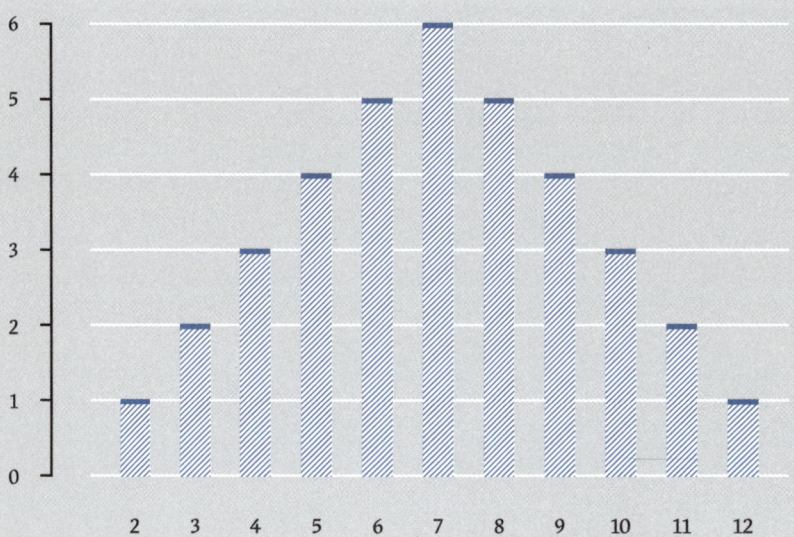

Desde luego, cada individuo tiene su estatura específica, pero la distribución nos permite predecir cuál será la estatura más probable, y cuál es la probabilidad de que la estatura de un hombre o una mujer esté dentro de un determinado intervalo a ambos lados de la más probable. La distribución normal tiene una medida conocida como desviación estándar, que describe la forma de la distribución, al permitirnos predecir qué porcentaje de los individuos de nuestra muestra está dentro de un intervalo particular.

Si podemos entender las probabilidades y las distribuciones implicadas, es posible construir un modelo matemático del tema en estudio. Esto no puede predecir lo que sucederá en el futuro, del mismo modo que saber que hay un 50 % de probabilidad de sacar cara tirando una moneda no nos dice qué sucederá al hacerlo una vez. Sin embargo, el modelo nos permite simular la realidad e intuir lo que es posible que suceda, lo cual resulta excelente si lo que estudiamos es un subconjunto concreto y sencillo de la realidad. Este tipo de predicciones no funciona solo para los juegos de azar, sino para muchas otras cosas, desde predecir la distribución de las estaturas de la población a la probabilidad de decaimiento radiactivo de las partículas.

Por lo tanto, puede parecer que tenemos un gran control sobre un futuro en el que interviene la aleatoriedad, hasta que el caos asoma su cabeza.

El diario del pavo

«Estamos convencidos de que mañana saldrá el Sol.
¿Por qué? ¿Es una creencia basada ciegamente en la
experiencia del pasado o se puede justificar como
una creencia razonable?».
Bertrand Russell, 1872–1970

La aleatoriedad es predecible

Empezamos a darnos cuenta de que nuestra comprensión del
mundo que nos rodea se basa en patrones. Es así como nos
enfrentamos a las distintas circunstancias cotidianas, y es la base
de la ciencia. Tomemos un ejemplo trivial. Compro una botella de
zumo de naranja. Se trata de un objeto nuevo en mi vida. No había
tenido nunca esta botella concreta. Sin embargo, sé cómo abrirla,
ya que hay un patrón en mi mente de «botellas con tapa de rosca».
Por tanto, hago girar la tapa en el sentido contrario al de las agujas
del reloj, abro la botella y me bebo el zumo.

Imaginemos ahora que he comprado una botella de una bebida
de moda que en vez de tapa de rosca tiene un tapón de corcho.
Le podría dar mil vueltas a la parte superior de la botella en
sentido contrario al de las agujas del reloj sin resultado alguno.
Afortunadamente, tengo otro patrón que trata de las botellas
con tapón de corcho (y un sacacorchos a mano) y puedo abrir
la botella.

Nuestra concepción científica se fundamenta en primer lugar
en el método de inducción: observamos lo que ha ocurrido
anteriormente y asumimos, a menudo de una manera correcta,
que, en las mismas circunstancias, volverá a suceder lo mismo.
Esto es lo que ocurre cuando pensamos en algo como la salida

Lógica
Estudio sistemático de
inferencia con el que se
llega a una conclusión a
partir de la combinación
de una serie de hechos
o asertos.

del Sol todas las mañanas o la idea de que, lanzando una moneda,
la mitad de las veces saldrá cara y la otra mitad cruz. En estos
casos, incluso la aleatoriedad tiene este grado de predictibilidad.

Obsérvese que inducción no es lo mismo que deducción, algo
que se da muy raramente en el mundo real (o en la ciencia). La
deducción nos permite usar la lógica para llegar a una conclusión.
Por ejemplo, sé que «todos los perros tienen cuatro patas» y tengo
ante mí un animal con tres, de lo que puedo deducir que no se
trata de un perro. El problema de la deducción en el mundo real
es que, si bien puedo hacer una observación precisa del número
de patas que tiene el animal, el proceso deductivo depende de
hasta qué punto puedo afirmar que «todos los perros tienen
cuatro patas».

Para poder hacerlo de un modo definitivo, necesitaría examinar
todos los perros que han existido, lo que, simplemente, no puede
ocurrir en el mundo real. Por tanto, debo apoyar mi deducción en
una cierta inducción. Quizá, todos los perros que he visto en mi
vida tenían cuatro patas por lo que asumo que todos las tienen.
Sin embargo, en la realidad, hay perros que tienen solo tres patas.
La deducción es solo tan buena como el supuesto subyacente,
y mientras esta dependa de la inducción, lo único que podemos
hacer es decir que esa es nuestra mejor teoría en ese momento.
Así es como trabaja la ciencia por regla general.

Desde luego, hay excepciones. Si tengo la oportunidad de verificar
mi afirmación inicial, la deducción es aceptable. Si tengo una caja
de botones, puedo verlos uno a uno y podré decir, por ejemplo,
«todos los botones de esta caja son azules». Si me dan un botón
rojo, puedo decir con certeza que este botón no salió de mi caja.
Sin embargo, la vida real casi nunca es como mi caja de botones.

Los patrones nos pueden atrapar
Bertrand Russell, el filosofo británico que hizo el famoso
comentario sobre la salida del Sol todas las mañanas, realizó

también una observación sobre las experiencias de las aves de corral en una granja, a la que, en ocasiones, se ha renombrado en los términos del «diario de un pavo». Imaginemos que un pavo lleva un diario que refleja lo bueno del día que transcurre. Si hiciéramos el gráfico de este hecho en los días sucesivos, obtendríamos una bonita distribución y, con una mente matemática, podríamos utilizarla para hacer predicciones sobre el futuro. Y entonces, pocos días antes del Día de Acción de Gracias, desde el punto de vista del pavo, el resultado se saldría de la escala (en la mala dirección) ya que se convertiría en la comida de ese día.

Sin un conocimiento de las circunstancias, se podría pensar que el «mal día» del pavo era un evento aleatorio, y con seguridad, sin una información previa, era totalmente impredecible. Sin embargo, los humanos tenemos dificultades para aceptar que puede haber variaciones en nuestra comprensión del universo. En la visión del mundo del pavo, basada en su experiencia previa, no existía la posibilidad del suceso de ser atado y asado. Pero ocurrió. De un modo parecido, cuando nos golpea lo inesperado, solemos buscar una explicación dentro de lo que nos es conocido, aunque es muy posible que la causa de un suceso súbito no previsto esté fuera del alcance de la información de que se dispone y no se pueda explicar sin cambiar nuestra visión del mundo.

En efecto, lo que le ocurre al pavo, y lo que nos sucede a todos, es que utilizamos el patrón equivocado para entender el mundo. Una de las maneras en las que se manifiesta este hecho son las supersticiones. Si vemos un patrón aparente que relaciona un suceso con otro, suponemos que existe una relación causal entre ellos. Las supersticiones que asociamos con los espejos, las escaleras o los gatos negros son consecuencias casi inevitables de hacer uso de la inducción, ya que es difícil separar las causas reales y los sucesos que coinciden exactamente en el espacio o en el tiempo.

A menudo, como en el caso del pavo, tenemos un conocimiento limitado de lo que ocurre. Es muy fácil aplicar patrones que han tenido éxito en el pasado a situaciones para las que no son adecuados. Se podría tratar de algo que es realmente aleatorio pero que esperamos que se ajuste a otro tipo de patrón. Si lanzo una moneda y salen nueve caras seguidas es difícil no suponer que la probabilidad es mayor de que la siguiente sea cruz, ya que en mi mente hay un patrón que me dice que la mitad deberían ser caras y la mitad cruces. En realidad, la moneda no tiene memoria, y no sabe lo que ocurrió las veces anteriores, por lo que la posibilidad de que salga cara o cruz sigue siendo de 50:50.

Lo mismo ocurre con los récords deportivos. Cuando se dice que un equipo o un jugador está en racha, aplicamos un patrón que implica que hay una razón subyacente a algo que puede ser una serie totalmente aleatoria de circunstancias que no afectan a lo que sucederá en el futuro.

Poder predecir lo que va a pasar depende de tener un buen conocimiento de lo que sucede. Es necesario saber en qué consiste un sistema (hablaremos de ello más tarde) y de si su naturaleza permite, o impide, la capacidad de predicción de lo que es probable que suceda. Un buen punto de partida para estudiar estos hechos es analizar el péndulo simple.

El movimiento del péndulo

«Si uno quiere que el período de oscilación de un péndulo sea el doble que el de otro, su mecanismo de suspensión debe ser cuatro veces más largo».
Galileo Galilei, 1564–1642

Sistematicemos

Siempre que intentamos entender el mundo que nos rodea y el impacto del caos sobre él, la unidad fundamental es el sistema. En la vida cotidiana, el término sistema puede emplearse para hacer referencia a un grupo social, a menudo en términos peyorativos («pasa el tiempo luchando contra el sistema»), un enfoque de cómo hacer algo («tiene un sistema para ganar») o como una pieza tecnológica («este sistema de sonido es asombroso»). Sin embargo, para nuestro propósito, un sistema tiene un significado mucho más amplio.

Por sistema se entiende un conjunto de componentes interactivos. Puede ser tan sencillo como una bola y un plano inclinado por el que se puede deslizar, o tan complejo como el universo. Un bolígrafo, un teléfono inteligente, su cuerpo, la administración de un país o el tiempo son sistemas. Conviene dividir los sistemas en dos grandes grupos. Los sistemas abiertos, que pueden interactuar con otros elementos y sistemas externos al sistema en cuestión, y los sistemas cerrados, que no pueden hacerlo. La mayoría de los sistemas presentes en la vida cotidiana son abiertos, pero en aras de la simplificación, trataremos a menudo como cerrados a sistemas con una interacción limitada con su entorno.

El péndulo es uno de los sistemas más sencillos, al que el gran filósofo natural Galileo Galilei dedicó mucho tiempo entre los siglos XVI y XVII. Un péndulo simple consta de un punto fijo, como, por ejemplo, un gancho en el techo; un mecanismo de suspensión, que puede ser un cordel, y una pesa, que es una masa sujeta al extremo del mecanismo de suspensión.

El péndulo muestra la conversión de la energía de una forma a otra. Si iniciamos su movimiento desplazando lateralmente la pesa, en el punto extremo más elevado de la oscilación esta tiene una cierta energía potencial debida a la atracción gravitatoria por su posición elevada, pero no tiene energía cinética, que es la que se debe al movimiento. Cuando empieza a bajar, la pesa pierde parte de su energía potencial, y, al moverse, adquiere energía cinética. En su movimiento alternativo, el péndulo va cambiando su energía de potencial a cinética y viceversa.

Este sistema no es cerrado. Una pequeña parte de la energía potencial que aportamos al levantar la pesa al iniciar el movimiento se consume en tensar el mecanismo de suspensión, lo que genera calor, y otra pequeña parte se pierde por la resistencia del aire, a no ser que el péndulo se instale en una cámara de vacío. Lo importante es que este sistema no se puede considerar cerrado ya que sin la acción de la gravedad no habría energía potencial para convertirse en cinética.

Poco tiempo después de los trabajos de Galileo, se empezó a utilizar el péndulo para medir el tiempo; el primer reloj de péndulo construido por Christiaan Huygens en 1656 hizo uso de la observación de Galileo de que el tiempo empleado por el péndulo para una oscilación completa dependía únicamente de la longitud del mecanismo de suspensión. No importaba la masa de la pesa, y las oscilaciones, pequeñas o grandes, tenían la misma duración.

En realidad, esta última observación solo era cierta para oscilaciones relativamente pequeñas, pero el péndulo demostró

Energía
Es la faceta de la naturaleza que hace que sucedan las cosas. Como dijo el físico estadounidense Richard Feynman, «Es importante darse cuenta de que, en la física actual, no sabemos lo que es la energía».

ser un sistema que se comportaba bien con un movimiento de fácil predicción. Era lo totalmente opuesto al caos. Sin embargo, un pequeño cambio lo altera todo.

El péndulo se vuelve loco

Consideremos ahora un péndulo en el que el mecanismo de suspensión no es un cordel sino una barra metálica. Podemos prescindir de la pesa: el peso de la barra actúa como tal. No hay ningún cambio en el comportamiento del péndulo; sigue obedeciendo a la regla que relaciona la longitud con el período del movimiento oscilatorio. Cortemos ahora la barra en dos partes articuladas por un elemento que permita que la parte inferior se mueva con independencia de la parte superior, y pongamos de nuevo en marcha el mecanismo.

Es un cambio sencillo. Hemos pasado de un mecanismo de suspensión único y continuo a otro que consta de dos partes que se pueden mover libremente. Se ha convertido en un péndulo doble, en el que cada una de las partes de la barra actúa como una pesa. No sería sorprendente que el movimiento se hiciera menos suave y predecible. Lo que ocurre en realidad es que el mecanismo «se vuelve loco».

Póngalo en movimiento y, muy pronto, la parte inferior empezará a girar erráticamente en torno a la junta, dará un salto súbito y empezará a girar en sentido contrario. Todo el sistema saltará como si se viera sujeto a una serie de fuerzas inconexas. Su comportamiento, desde todos los puntos de vista, se vuelve totalmente impredecible. Y no se trata de un sistema complejo; es uno de los más sencillos que podemos imaginar. El pequeño cambio de haber añadido una junta (o si lo prefiere, haber añadido un segundo péndulo al extremo del primero) ha destruido del todo el movimiento predecible del sistema. Se ha vuelto caótico.

→

Péndulos compuestos
En los relojes de péndulo precisos, el mecanismo de suspensión se construye con una combinación de materiales que contrarrestan la tendencia a alargarse o acortarse en función de la temperatura (grabado de J. Pass, 1809).

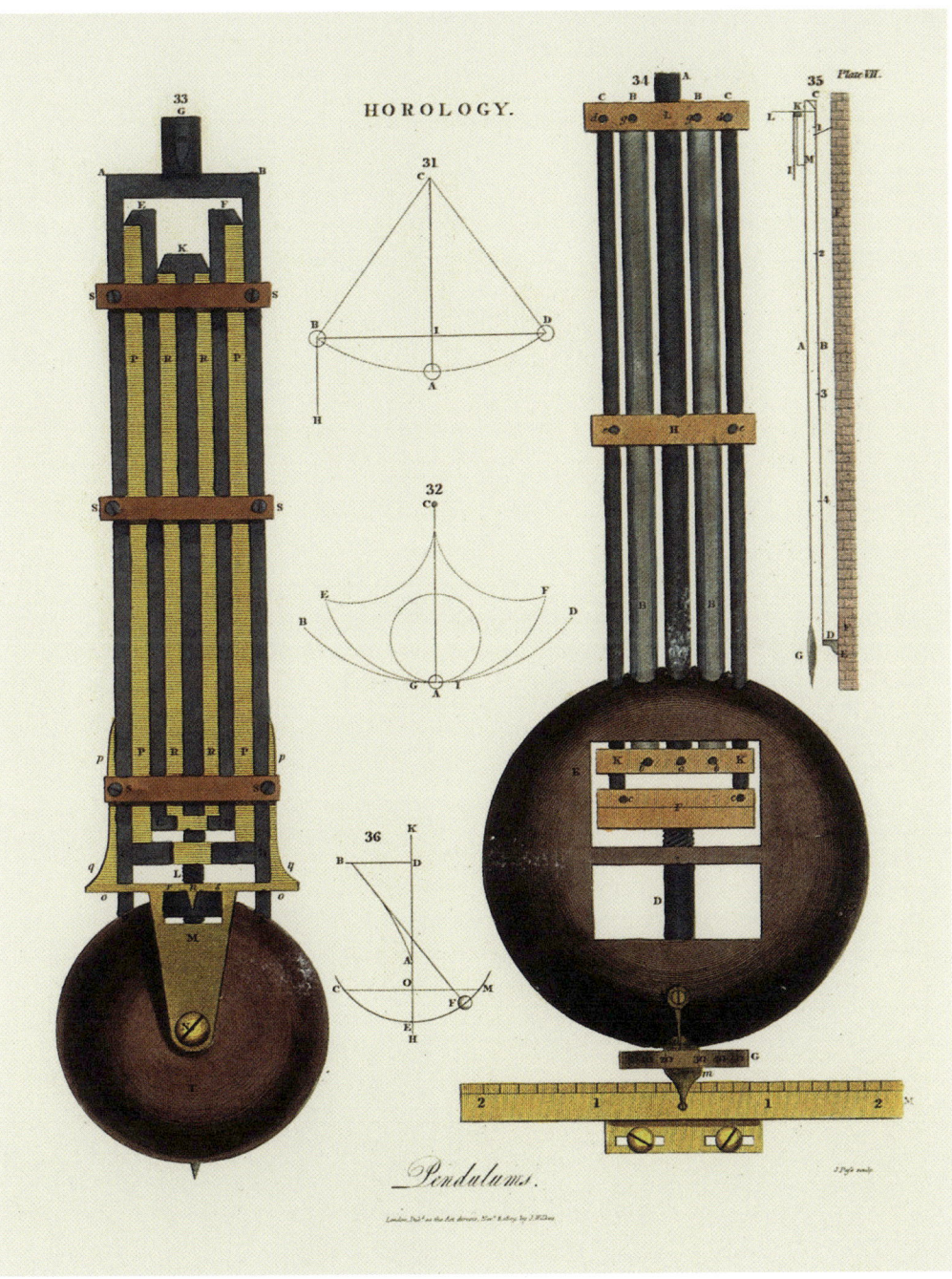

HOROLOGY.

Pendulums.

Trayectoria del péndulo doble
Ejemplo del movimiento de un péndulo con una junta simple en función del tiempo. Si se pone de nuevo en movimiento, describirá una trayectoria totalmente diferente.

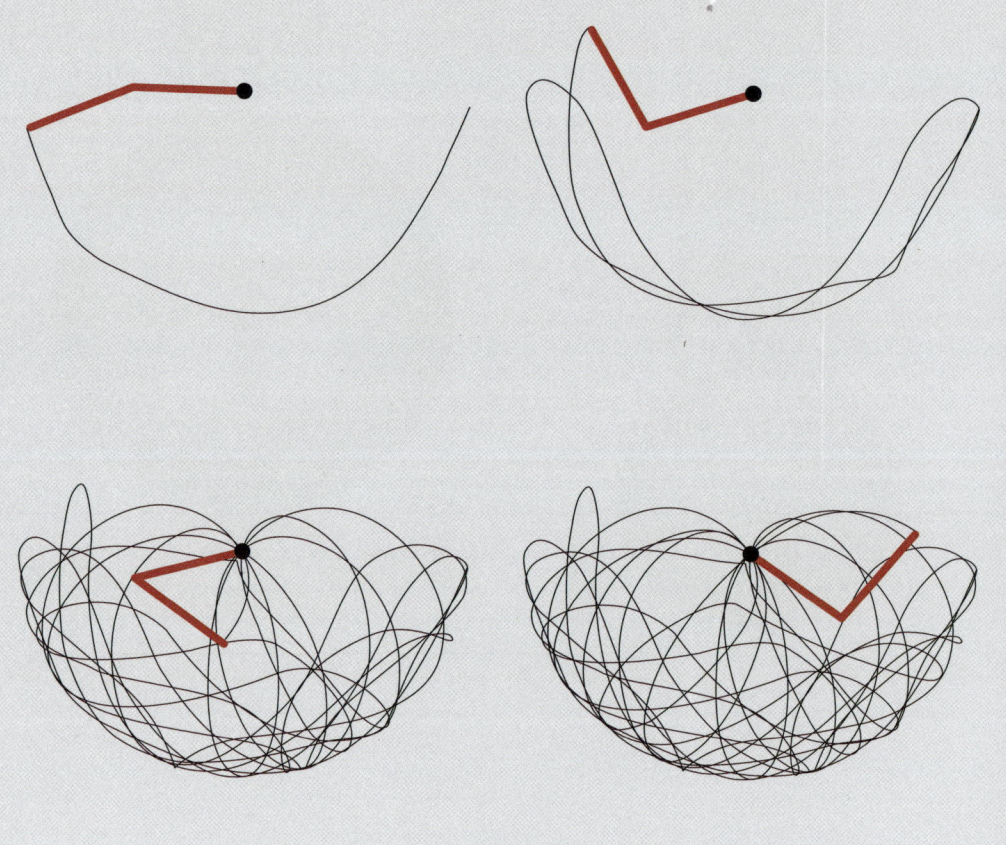

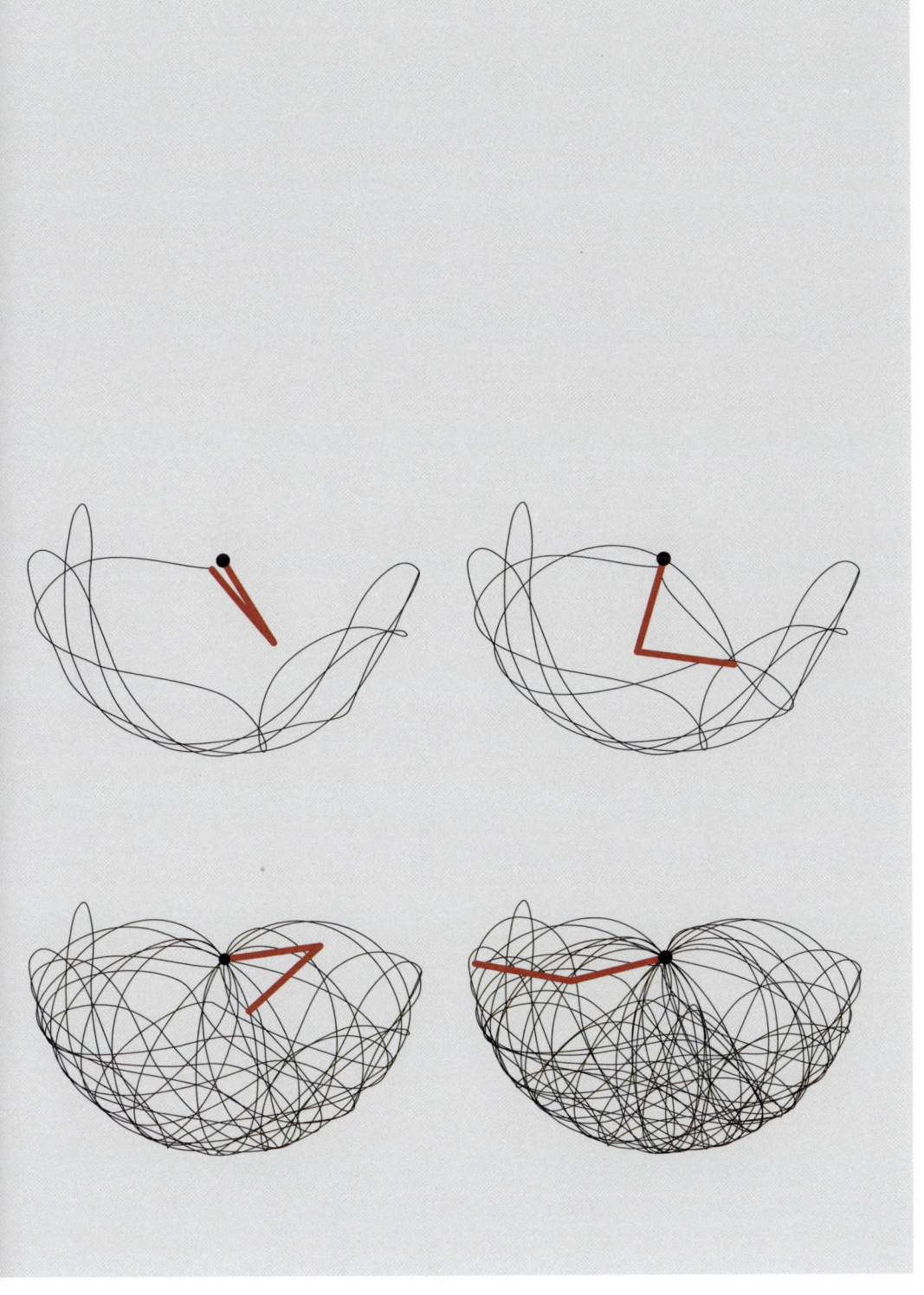

MECANISMO DE RELOJERÍA Y CAOS

No es computable

«[Todos los fenómenos] son igualmente susceptibles de ser calculados, y todo lo necesario para reducir el conjunto de la naturaleza a leyes parecidas a las que descubrió Newton con la ayuda del cálculo es disponer de un número suficiente de observaciones y de unas matemáticas lo bastante complejas».
Marie Jean Antoine Nicolas Caritat, marqués de Condorcet (1743–1794)

Computadoras desafortunadas e impredecibilidad determinística

En las malvadas supercomputadoras de las películas antiguas hay algo conmovedor. Estas primitivas muestras de lo que se denominaría inteligencia artificial tomaban un rumbo que parecía imparable para apoderarse del mundo y destruir a la humanidad, hasta que un héroe frustraba sus intentos al plantear a la máquina un problema de indeterminación que la autodestruía. El héroe le preguntaba: «¿Cuál es el resultado de dividir uno entre cero?». En otra película más sofisticada, le plantea un interesante caso de lógica circular como: «Esta afirmación es falsa. ¿Es falsa esta afirmación?». La malvada computadora, incapaz de responder, intenta hacer cálculos matemáticos imposibles o entra en un bucle lógico. «Si la primera afirmación es falsa, la primera afirmación debe ser verdadera, pero si es verdadera, es falsa. Y si es falsa, debe ser verdadera». El dilema de la computadora se manifiesta en su tono su cada vez más agudo, que finalmente afirma: «¡Esto no es computable!» antes de empezar a echar humo, explotar y conseguir así que con ello se salve el mundo.

Aunque se trate de una gran película, desafía la cosmovisión de la computadora, basada en una lógica rígida. La afirmación que estaba obligada a procesar no era computable. A diferencia de la cómoda posición del marqués de Condorcet de la cita anterior, nuestra desafortunada computadora no podía calcular todos los fenómenos. En el comportamiento del péndulo doble se presenta un tipo de problema muy similar. Aquí tenemos objetos en movimiento que obedecen a las leyes de movimiento de Newton, pero no es posible calcular el resultado.

Específicamente, el movimiento del péndulo doble es determinístico; en principio debería ser calculable, ya que se trata de un sistema muy sencillo, pero en la práctica, calcular su movimiento a largo plazo está fuera de nuestro alcance. Lo que tenemos aquí es una suerte de aleatoriedad inversa. Un sistema realmente aleatorio, como el decaimiento de una partícula radiactiva o el lanzamiento de nuestra moneda imaginaria, totalmente equilibrada, tiene un grado de predictibilidad.

En un sistema caótico, como el del péndulo doble, no existe una verdadera aleatoriedad. El resultado es completamente determinístico. Si fuera posible iniciar su oscilación desde la misma posición exacta, con un movimiento idéntico, y precisamente en el mismo entorno, se llegaría al mismo resultado. Sin embargo, es imposible en la práctica reiniciar el sistema con tal precisión y las pequeñas diferencias en la manera en cómo se inicia el movimiento del péndulo doble conducen a una secuencia de movimientos totalmente diferente. Como veremos más tarde, hay muchos sistemas de este tipo en nuestra vida cotidiana, desde Wall Street al tiempo.

Imitaciones
Casi todos los números aparentemente aleatorios que utilizamos en la vida cotidiana dependen, en realidad, del equivalente

Tiempo tormentoso: el sistema caótico definitivo
La sensibilidad del tiempo a pequeñas diferencias en las condiciones inspiró el desarrollo de la teoría del caos.

matemático del sistema caótico, un generador de números pseudoaleatorios. Por ejemplo, cuando utilizamos en una hoja de cálculo como Excel de Microsoft la función de números aleatorios, el valor que aparece no es un verdadero número aleatorio, sino que hace uso de una secuencia determinística que salta de una manera casi aleatoria.

Aunque no resulta siempre obvio cuando se utiliza, un generador de números pseudoaleatorios parte de un valor «semilla», un punto de partida que da la computadora, que puede ser, por ejemplo, el número de segundos o milisegundos transcurridos desde una determinada fecha en el pasado. Este punto de partida es un valor que cambia constantemente y que se procesa mediante una fórmula matemática sencilla para calcular el siguiente elemento de una serie de números pseudoaleatorios.

Un mecanismo común denominado generador de números aleatorios Lehmer, que a menudo se utiliza en las hojas de cálculo, genera un valor multiplicando el valor anterior por un número muy grande seleccionado especialmente, y después da como aleatorio el resto de dividir el resultado por un número primo muy grande.

Lo primero que se hace es introducir la semilla, utilizar el resultado del primer cálculo como inicial en la misma fórmula en la iteración siguiente, y así sucesivamente.

Hay técnicas para generar números realmente aleatorios que utilizan procesos cuánticos, sea de forma indirecta (por ejemplo, en el ruido térmico de los dispositivos electrónicos) o directamente mediante el uso de dispositivos cuánticos como un divisor de rayo que lanza aleatoriamente un fotón en una u otra dirección. Esta técnica del uso de la luz es la forma en que se generan los números aleatorios por el cariñosamente llamado ERNIE (siglas en inglés del Equipo electrónico indicador de números aleatorios), el dispositivo utilizado por el esquema de ahorro del gobierno del Reino Unido conocido como *premium bonds*. Este sistema es efectivamente una lotería en la que una vez que se compra un *premium bond*, permanece en juego hasta que se revende al precio original, con el atractivo de las ganancias potenciales en un sorteo mensual que define el interés sobre la inversión original. ERNIE genera los números ganadores mediante un verdadero proceso aleatorio.

Por su parte, la mayoría de las loterías convencionales utilizan un sistema caótico pseudoaleatorio como, por ejemplo, la interacción de un número de bolas en un bombo giratorio. Las bolas rebotan entre ellas y con las paredes del bombo muchas veces antes de dejar salir a las premiadas. Aunque es un sistema mucho más complejo que el del péndulo doble o el del generador de números pseudoaleatorios, es semejante por el hecho de ser determinístico pero impredecible.

El péndulo doble es uno de los sistemas más sencillos de naturaleza caótica, pero no fue el primero que se descubrió. Para verlo, debemos volver a Newton y a su ley de la gravedad.

2
Movimientos intrincados de Newton y retroalimentación sin control

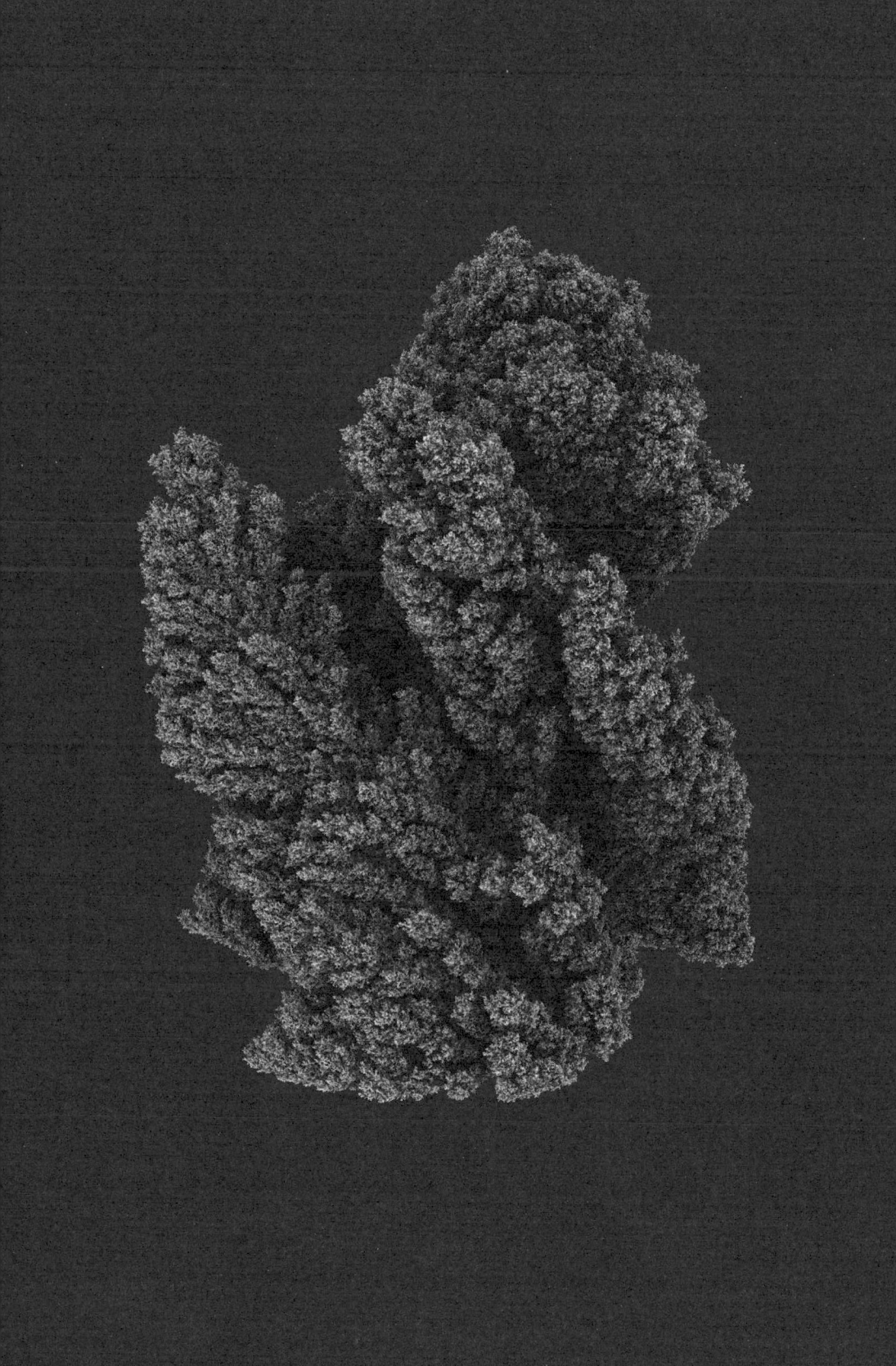

El tema de la gravedad

«Y así la naturaleza será muy conforme
consigo misma y muy simple, llevando
a cabo todos los grandes movimientos de
los cuerpos celestes por la atracción de la
gravedad, que intercede entre ellos [...]».
Isaac Newton, 1643-1727

Una relación sencilla

Podría parecer que el último lugar donde se podía esperar un comportamiento caótico impredecible es en el trabajo de Newton sobre la gravedad y el movimiento de los planetas. Sabemos que Laplace utilizó los trabajos de Newton como base para su visión del universo en la que todo lo que ocurre se puede predecir partiendo del estado de este en el momento anterior. Los *Principios* de Newton proporcionan una relación matemática que describe la fuerza de la gravedad. Sin embargo, Newton se vio obligado a reconocer una singularidad cuando se calculan las fuerzas gravitatorias.

Principios no es un libro fácil de leer. Fue escrito en latín en una época en la que muchos eruditos empezaban a dejar de lado el idioma universal de la ciencia para redactar sus escritos en su lengua nativa. Sin embargo, intencionadamente, Newton hizo difícil de entender gran parte del contenido de sus *Principios* para asegurarse de que sus lectores fueran solo los *cognoscenti*. Curiosamente, hizo también que las cosas parecieran más complejas para que el texto fuera más accesible para los matemáticos de la época. Estos eran muy expertos en geometría, por lo que Newton tradujo gran parte de su trabajo utilizando el

recientemente inventado cálculo (su «método de las fluxiones»)
en formas geométricas mucho más complicadas.

Sin embargo, algunos de los aspectos son muy claros. Uno es su
introducción de las tres leyes del movimiento, que hoy se conocen
simplemente como leyes de Newton. A pesar de ello, la relación
gravitatoria entre dos cuerpos, tanto planetas como granos de
arena, no resulta tan obvia. En los libros de texto contemporáneos,
la relación descubierta por Newton se expresa con una fórmula
del tipo:

$$F = \frac{Gm_1 m_2}{r^2}$$

en la que F es la fuerza de atracción entre dos cuerpos, m_1 es la
masa del primer cuerpo, m_2 la del segundo y r la distancia entre
ellos. G es la constante de gravitación universal, cuyo valor se
supone constante en todo el universo, independientemente
de la distancia a la que actúe. Se supone que esta expresión es
subyacente a lo descrito por Newton, pero en la práctica solo
afirmó que la fuerza gravitatoria era proporcional a las masas
implicadas.

Algo que es muy importante destacar y que resulta fundamental
para entender la fuerza de la gravedad es que Newton introdujo
el concepto de masa, en contraposición al del peso. La masa es
la cantidad de «materia» en un cuerpo, que le da su resistencia a
ser acelerado, en tanto que el peso es la fuerza que actúa sobre
la masa al ser atraída por la acción de la gravedad. Por ejemplo,
su peso en la Luna, donde la gravedad es mucho más débil, sería
aproximadamente una sexta parte de su peso en la Tierra.

La masa se suele medir en kilogramos. De manera estricta, su peso
debido a la gravedad en la Tierra es de 9,81 newtons. Sin embargo,
en la práctica, tendemos a tratar la masa como si fuera un peso.

Esto solo provoca confusiones fuera de la Tierra; en la Luna, el objeto, que continúa teniendo 1 kg de masa, pesa el equivalente a 0,17 kg de peso.

En comparación con la complejidad de las matemáticas de la física moderna, la relación de la fuerza gravitatoria con la masa y la distancia es maravillosamente simple. Por ello, resulta de algún modo sorprendente que la ecuación o algo parecido no aparezca en *Principios*. Una razón puede ser que todavía no estuviera definida la constante de la gravitación universal. Su valor fue determinado por primera vez cuando el científico inglés Henry Cavendish llevó a cabo el primer intento con éxito de calcular la masa de la Tierra en 1798, y la ecuación citada anteriormente solo se formuló en la década de 1890, cuando otro físico inglés, Charles Boys, dio un valor concreto a la constante.

Lo que Newton constató fue que la fuerza de atracción de la gravedad era directamente proporcional a cada una de las masas e inversamente proporcional al cuadrado de la distancia entre ellas (o, para ser más precisos, la distancia entre sus centros de gravedad, ya que Newton demostró que dos cuerpos podían ser tratados como puntos ubicados allí donde se equilibran las fuerzas de la gravedad entre ellos).

La Tierra y la Luna

En sus *Principios*, Newton analiza una serie de órbitas astronómicas, pero, quizá, la más sencilla y elegante es la que hace de la relación entre la Tierra y la Luna. La Luna orbita la Tierra (o, para ser más precisos, La Tierra y la Luna orbitan en torno a un punto entre ambas, denominado baricentro, pero como la masa de la Tierra es mucho mayor que la de la Luna, este punto se encuentra a unos 1700 km bajo la superficie de la Tierra). Cuando un objeto orbita a otro, lo que hace efectivamente son dos cosas: caer hacia él y fallar.

Un satélite en órbita (en este caso, la Luna) cae constantemente hacia la Tierra, acelerado por la fuerza de la gravedad. Para mantenerse en órbita, se mueve lateralmente en una dirección perpendicular a la de caída, a una velocidad suficiente para mantenerse alejado a la misma distancia de la Tierra. Esta es, de hecho, la razón por la que los astronautas de la Estación Espacial Internacional flotan en una situación de gravedad casi nula. No están lejos de la superficie de la Tierra (a solo 350 km). A esa distancia, la fuerza de la gravedad es de aproximadamente el 90 % de la de la superficie. Sin embargo, la estación y los astronautas se encuentran en caída libre hacia la Tierra, por lo que no sienten la fuerza de la gravedad; flotan como

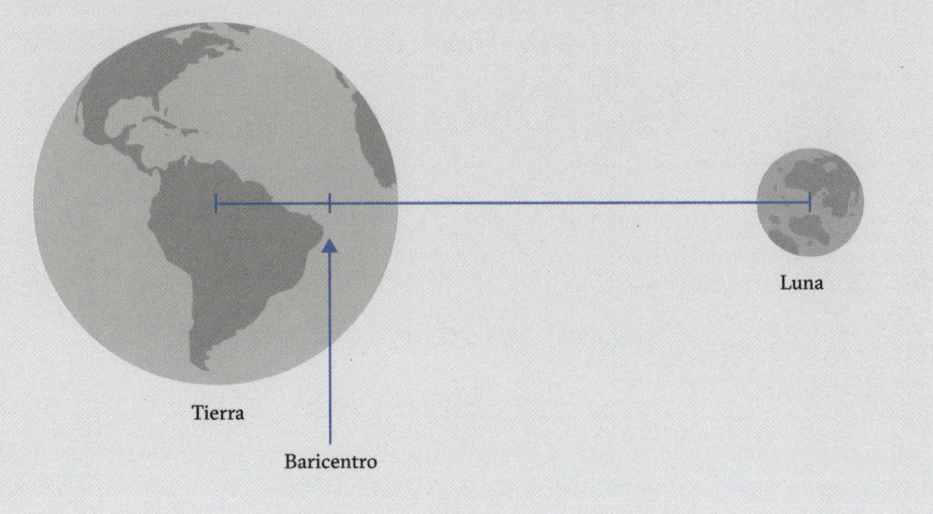

El sistema Tierra–Luna
La Luna y la Tierra orbitan en torno al baricentro, un punto entre ambas situado dentro de la Tierra, al tener esta una masa mucho mayor que su satélite. (No a escala).

Luna

Tierra

Baricentro

lo harían en un avión en picado o en un ascensor que se desplomara. Afortunadamente, la EEI también viaja lateralmente a la velocidad adecuada para mantener su altitud.

Con los instrumentos de que disponía en aquella época, Newton pudo calcular la magnitud de la aceleración de la Luna hacia la Tierra. Sabemos que no poseía la fórmula anterior para la fuerza de la gravedad, pero nosotros podemos hacer el cálculo con mayor facilidad combinándola con la segunda ley del movimiento de Newton, de que la fuerza aplicada a un cuerpo es igual a su masa multiplicada por la aceleración que produce. Podemos formular:

$$m_{Luna}a = \frac{Gm_{\text{Luna}}m_{\text{Tierra}}}{r^2}$$

Lo que significa que la aceleración es

$$a = \frac{Gm_{\text{Tierra}}}{r^2}$$

Estación Espacial Internacional
La estación espacial está en caída libre hacia la Tierra, pero su movimiento lateral la mantiene a la misma altitud.

El cañón de Newton
Este diagrama muestra las
trayectorias teóricas de
los proyectiles lanzados
desde una montaña
teórica de 1524 km de
altitud sobre una Tierra
simplificada.

Cabe observar que la aceleración no viene afectada por la masa
del cuerpo acelerado (la masa de la Luna se simplifica en los dos
miembros de la igualdad). En la versión inglesa simplificada del
tercer libro de *Principios*, titulado *El sistema del mundo*, Newton
consideró lo que ocurriría si un cañón disparara un proyectil
desde lo alto de una montaña, horizontalmente, a velocidades
crecientes hasta que continuara dando la vuelta a la Tierra,
es decir, orbitando a su alrededor. Esto suena un poco raro,
ya que estamos acostumbrados a que las órbitas estén
en el espacio exterior. Sin embargo, sería posible, aunque
muy complicado, ya que, por una parte, la Tierra no presenta
una superficie lisa y el proyectil debería evitar los lugares más
elevados (por este motivo, ¡se debía hacer el disparo desde la
cima de una montaña), y además, porque la velocidad requerida
para mantenerlo sería muy alta (unos 25 000 km/h).

Newton calculó la aceleración que experimentaría un cuerpo
(como la Luna) que orbitase la Tierra a una distancia prácticamente
nula de la superficie de la Tierra. Resultó ser casi idéntica a la que
experimentamos sobre la superficie de la Tierra: 9,81 metros por
segundo en cada segundo (m/s^2).

También demostró, con una impresionante hazaña matemática,
que la misma fuerza de la gravedad era la causa de que las cosas
cayeran hacia el suelo y del movimiento de la Luna en su órbita.
Con más cálculos, como el de las órbitas de los satélites de
Júpiter, demostró que su teoría de la gravitación parecía ser
literalmente universal, que era aplicable en todo el universo
conocido. Dos cosas aparentemente muy diferentes eran,
de hecho, consecuencia de la misma sencilla relación.

En realidad, los detalles precisos de la relación gravitacional entre
la Tierra y la Luna no son sencillas, ya que no son esferas perfectas,
y las dos se ven afectadas por la gravedad, con consecuencias que
son no solo las conocidas mareas de los océanos, sino también
pequeñas mareas de la tierra firme. Sin embargo, lo que Newton
había conseguido con sus matemáticas era un mecanismo que,
partiendo de valores correctos, podía describir de una manera
totalmente correcta el modo en que la gravedad permitía
interactuar a dos cuerpos, como la Tierra y la Luna.

De todos modos, las cosas son mas complicadas que un simple
sistema formado por la Tierra y la Luna. Vivimos en un universo
mucho más complicado. Desde que los seres humanos contemplan
el cielo nocturno han sido conscientes de una gran complejidad.

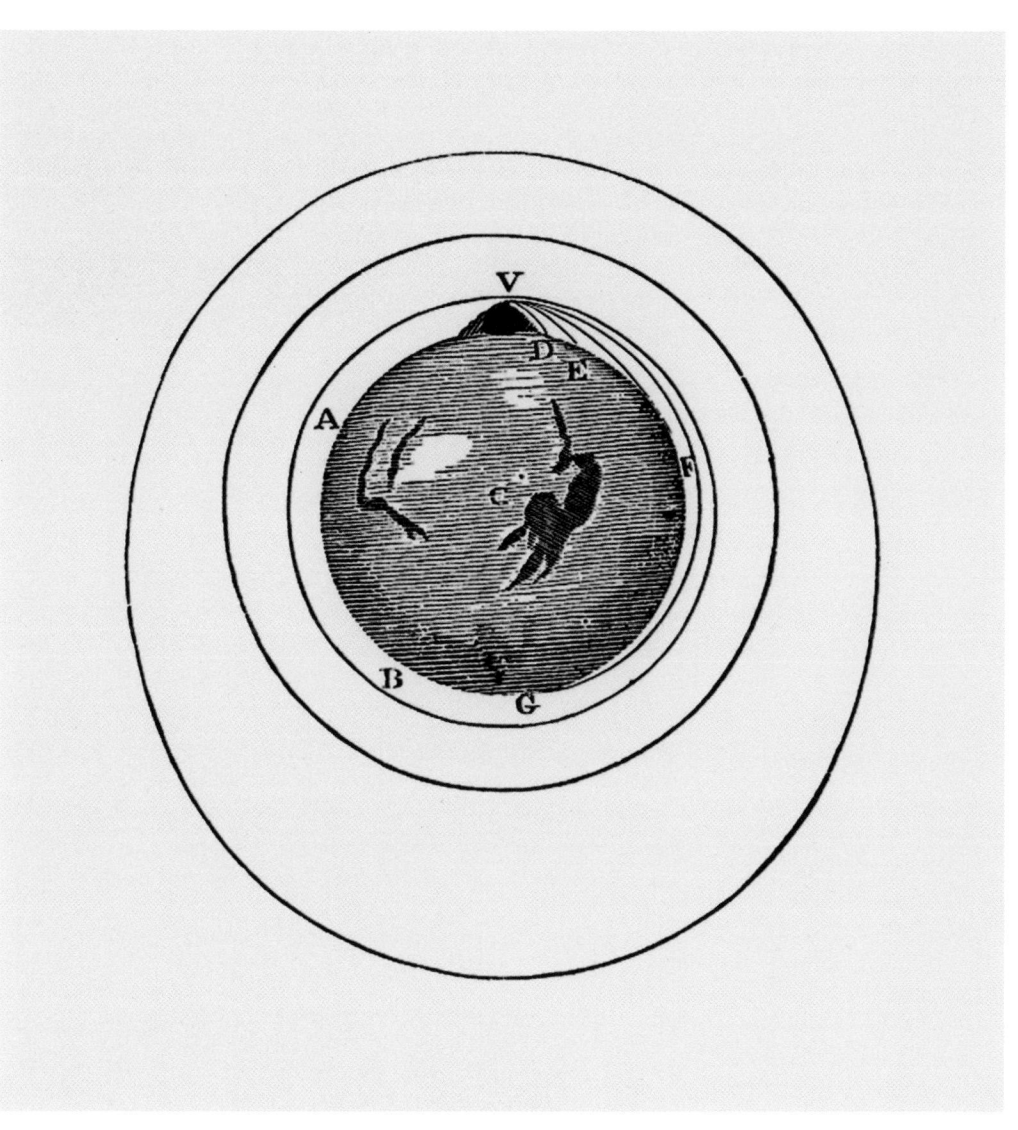

Con dos cuerpos, bien; con tres, mal

«No existe un centro de todos los círculos
o esferas celestes. El centro de la Tierra no
es el centro del universo, solo de la gravedad
y de la esfera lunar».
Nicolás Copérnico, 1473-1543

El poder de la atracción

Newton había avanzado la idea de la gravedad a partir de la
imagen simplista que sugieren estas palabras de Copérnico,
donde la gravedad solo está relacionada con el modo en que caen
las cosas en la Tierra. Fue necesario el conocimiento de Newton
para demostrar que la gravedad era la fuerza de enlace entre
los cuerpos celestes, y que se podía prescindir de las esferas.
Sin embargo, en el proceso abrió la puerta al caos.

La gravedad no tiene límites. Actúa de dos maneras diferentes.
En primer lugar, no existe ningún material que pueda impedirle
el paso. Atraviesa los objetos sólidos como si no existieran.
No puede haber un material como la cavorita, que aparece en
la novela de 1901 *Los primeros hombres en la Luna* de H. G. Wells:
una aleación imaginaria que bloqueaba la fuerza de la gravedad.
Si existiera, podríamos obtener energía de la nada. Imaginemos
una rueda hidráulica con una serie de palas metálicas.
Si pudiéramos pintar una cara de todas las palas con nuestro
bloqueador de gravedad, uno de los lados sería atraído hacia
la Tierra y el otro no. La rueda giraría por su cuenta. El lado de la
rueda en la que los lados no tratados de las palas miran hacia
abajo serían atraídos hacia la Tierra, sin una fuerza opuesta en
el otro lado que la contrarrestara. Aunque la idea es atrayente,

Leyes de la termodinámica
Cuatro leyes de la naturaleza que determinan cómo el calor y otras formas de energía se mueven entre los sistemas.

todo prueba que una contravención de la primera ley de la termodinámica (la de la conservación de la energía) es totalmente imposible.

Sin embargo, hay otra forma en la que la gravedad no tiene límites. Tampoco hay distancia que anule la fuerza de la gravedad. Está claro que se debilita rápidamente con el cuadrado de la distancia. A medida que aumenta el valor de r del denominador en la ecuación de la página 51, la fuerza se desvanece. Si se dobla la distancia, la fuerza se reduce a una cuarta parte. Pero, por mucho que se separen los dos cuerpos, la atracción entre ambos nunca llegará a cero. Cada uno de los objetos del universo ejerce una influencia gravitatoria sobre todos los demás. Desde este punto de vista (y solo desde este), la astrología tiene un cierto sentido, ya que la posición de los planetas actúa gravitatoriamente sobre todo individuo. Por desgracia, la astrología continúa siendo una ficción; por una parte, porque no hay ninguna razón para que la posición de los planetas en el momento del nacimiento pueda cambiar nada, y también porque los planetas están tan lejos que las personas que se encuentran en la habitación donde se nace ejercen una fuerza gravitatoria mucho mayor que la de aquellos objetos distantes.

No obstante, en el sistema solar, y gravitatoriamente, todo afecta a todo, y al que menos se puede ignorar es al Sol. Es fácil subestimarlo, ya que, visto desde la Tierra, parece que tenga el mismo tamaño que la Luna. Sin embargo, sabemos que es mucho más grande, aunque parece difícil asumir que su diámetro sea 400 veces el de la Luna. El Sol contiene el 99,9 % de toda la masa contenida en el sistema solar. Por ello, a pesar de la gran distancia que lo separa de la Tierra (unos 147 millones de km), tiene un efecto significativo sobre el sistema Tierra-Luna. No es realista considerar estos dos cuerpos aislados; hay un tercero en discordia. Newton era consciente de este hecho, pero sabía también que todos sus precisos cálculos no eran válidos si se incluía en ellos la influencia del Sol.

El problema reside en que, cuando se hace intervenir al tercer cuerpo, ya no basta con considerar la influencia de la Tierra sobre la Luna y la de esta sobre la Tierra. El Sol influirá sobre ambas, y, en consecuencia, cada una de ellas afectará la influencia del Sol sobre la otra. Es algo así como añadir una junta al péndulo; añadir un tercer cuerpo en el problema gravitatorio introduce el caos en los procesos que inicialmente parecían tan tranquilos. Aunque, en principio, debería ser posible calcular exactamente lo que ocurre, en la práctica es imposible. Newton no pudo hacerlo, y no se debió a que, en el siglo XVII, no se dispusiera del poder de las computadoras. Nosotros tampoco podemos hacerlo.

Aunque no se le dio nombre al movimiento resultante, ni se entendió de la manera en que lo hacemos en la actualidad, Newton constató que el universo no iba a revelar sus secretos tan fácilmente, ni siquiera ante el poder de las matemáticas. Con más de dos cuerpos, reina el caos.

La perturbación al rescate

Newton no estaba dispuesto a que su incapacidad para hacer un cálculo preciso se interpusiera en la demostración de su genialidad en sus *Principios*. Para superar los efectos del Sol (en realidad, hizo extensivo su enfoque a cualquier otra combinación de tres cuerpos), se dio cuenta de que podía utilizar el principio conocido como perturbación. La idea es que, en vez de intentar calcular la relación de los tres cuerpos que interactúan, se hace primero el cálculo sobre los dos cuerpos que tienen mayor interés, y después se consideran estos dos como una unidad para ver cómo los afecta un cambio causado por el tercer cuerpo.

Estamos acostumbrados a que la física trate sobre valores exactos, lo que se consigue, por lo general, mediante una simplificación extrema de la situación. Sin embargo, aquí se acepta que no se pueden llegar a obtener valores exactos, y la perturbación nos ofrece la posibilidad de conseguir resultados aproximados. Aunque nunca será exacto, cuanto mejor se haga el cálculo, tanto más se acercarán los valores al correcto.

Por ejemplo, las ecuaciones sobre la gravedad de Newton se pueden emplear para calcular la fuerza de atracción entre la Tierra y la Luna, y predecir la manera en que ambas orbitan como componentes de un sistema aislado. Después, calculó las fuerzas ejercidas por el Sol sobre la Tierra y la Luna consideradas como un todo que orbita a su alrededor, y el efecto que tendría la fuerza gravitatoria del Sol sobre esa órbita. El resultado no era perfecto,

→

Diagrama de la perturbación de Newton
En los *Principios*, Newton muestra cómo se puede aproximar la influencia del Sol sobre el movimiento de la Luna.

ya que suponía que la Tierra y la Luna no afectaban al Sol, pero dado que la masa de este es inmensamente mayor que la de cualquiera de ellas, se podía ignorar su efecto.

Desde luego, no es sorprendente que con más cuerpos en juego el problema sea aún más complicado. Por ejemplo, en el sistema solar, el planeta Júpiter tiene también un importante impacto gravitatorio, y asimismo, en su caso, es posible abordar el problema considerando pares de cuerpos y añadiendo la perturbación, pero los cálculos se hacen progresivamente más complejos, y las aproximaciones se deben tratar con mayor cuidado. Esto es más evidente cuando se trata de galaxias completas.

Prop. XXV. Prob. V.

Invenire vires Solis ad perturbandos motus Lunæ.

Defignet Q Solem, S Terram, P Lunam, $PADB$ orbem Lunæ. In QP capiatur QK æqualis QS; fitque QL ad QK

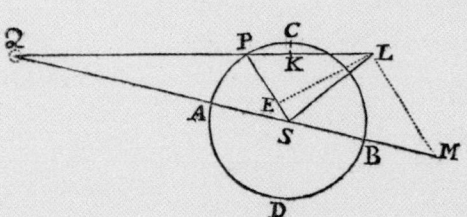

in duplicata ratione QK ad QP, & ipfi PS agatur parallela LM; & fi gravitas acceleratrix Terræ in Solem exponatur per diftantiam QS vel QK, erit QL gravitas acceleratrix Lunæ in Solem. Ea componitur ex partibus QM, LM, quarum LM & ipfius QM pars SM perturbat motum Lunæ, ut in Libri primi Prop. LXVI. & ejus Corollariis expofitum eft.

Qua-

La influencia solar
El Sol no solo nos proporciona luz y calor; su fuerza gravitatoria mantiene a la Tierra en órbita e influye en el sistema Tierra–Luna.

Galaxias giratorias

«Las pruebas de que disponemos en el presente apuntan claramente a la conclusión de que las espirales son galaxias individuales, o universos isla, comparables con la nuestra en dimensiones y en el número de sus componentes».
Heber Curtis, 1872–1942

Universos isla

Desde el momento en que Newton hizo innecesarias las esferas celestes, nuestra apreciación de la magnitud y escala del universo se extendió más allá de lo que ahora consideramos el sistema solar. Se constató que la maravillosa franja de luz que constituye la Vía Láctea era un conjunto de muchos miles de millones de estrellas, de las que el Sol solo era una de ellas.

Sin embargo, hasta la década de 1920, se debatió sobre si el universo se limitaba a la Vía Láctea. Algunos científicos opinaban que las pequeñas manchas borrosas de luz que se veían con el telescopio como elegantes espirales eran únicamente grupos locales de estrellas o masas de gas. Otros, por su parte, como el astrónomo estadounidense Heber Curtis, que acuñó la expresión «universos isla» en sus debates con Harlow Shapley, otro astrónomo estadounidense, creía que, como sabemos en la actualidad, cada una de esas pequeñas manchas de luz eran inmensas concentraciones de estrellas, como la Vía Láctea, que hoy conocemos como galaxias.

Las galaxias tienden a girar. De hecho, casi todo en el universo gira. Este movimiento refleja el modo en el que se formaron sus estructuras a partir de nubes de gas o polvo: a no ser que la nube fuera exactamente simétrica (cosa que nunca llegó a ocurrir), habría siempre más fuerza gravitatoria en un lado de la nube que en el otro, con lo que el material condensado habría empezado a girar. Sin embargo, en la década de 1970, se observó algo extraño. Tomando como base el trabajo del astrofísico suizo Fritz Zwicky, la astrónoma estadounidense Vera Rubin se dio cuenta de algo raro. Las galaxias giraban demasiado deprisa. ¿Qué pasaba?

El efecto del torno de alfarero

Si la masa de arcilla en un torno de alfarero gira demasiado deprisa, partes de ella se desprenden y salen volando. La fuerza de adhesión entre las partículas de arcilla llega a ser menor que la fuerza centrífuga que las hace volar. Lo mismo pudo ocurrir en las galaxias. Si giran a suficiente velocidad, la atracción gravitatoria podría ser demasiado pequeña para mantener a la galaxia unida. Cuando Rubin midió la velocidad de rotación de una serie de galaxias constató que las estrellas debían haber salido disparadas como las chispas de una rueda pirotécnica.

La razón de que no lo hubieran hecho solo podía ser debida a que existiera algo que Zwicky mencionó en la década de 1930 sin que nadie le hiciera demasiado caso hasta el descubrimiento de Rubin, cuarenta años más tarde. Había más materia en las galaxias, que era invisible. Zwicky la había llamado *dunkle Materie* en alemán, la «materia oscura». Lo más notable es que los cálculos demuestran que hay cinco veces más de esta materia invisible, que actúa solamente desde el punto de vista gravitatorio, que materia ordinaria.

La materia oscura continúa siendo un misterio. A pesar de los innumerables experimentos dedicados a encontrarla, no ha sido posible detectar ninguna partícula de materia oscura. Solo se muestra indirectamente por su acción gravitatoria. Algunos físicos han sugerido la hipótesis de que esta materia no existe como sustancia, que el efecto lo producen sutiles variaciones en los efectos de la gravedad a escala galáctica. Sin embargo, el matemático estadounidense Donald Saari sugiere que no hay nada que explicar, que la causa de este efecto aparente es una

La Vía Láctea
Sobre el pico de Pedra Azul en Domingos Martins, Brasil, se puede ver en el oscuro cielo la Vía Láctea, nuestra galaxia, como una banda de luz.

ampliación masiva del problema al que se enfrentó Newton con la combinación gravitatoria de la Tierra, la Luna y el Sol.

Una oscuridad incómoda

Saari señala las dificultades de realizar cálculos gravitatorios cuando no se basan en unos pocos cuerpos en el sistema solar, sino en los millones de estrellas masivas en una galaxia. Según Saari, los cálculos para determinar la velocidad a la que puede rotar una galaxia sin dispersarse son fatalmente imperfectos.

Es evidente que no es posible calcular la interacción precisa de cada una de las estrellas (teniendo en cuenta que el número máximo de cuerpos con el que se consigue la precisión total es dos). Por ello, los astrónomos hacen algunas aproximaciones significativas. Veamos, por ejemplo, la bella galaxia Andrómeda, nuestra vecina más cercana, que contiene en torno al billón de estrellas, y que se extiende por unos 220 000 años luz (un año luz equivale a 9,46 billones de km). Calcular lo que allí sucede es alucinante.

El enfoque adoptado por los astrónomos para sus cálculos fue tomar una estrella específica y considerar todas las demás estrellas cercanas al centro de la galaxia como un solo cuerpo, para poder hacer los cálculos como si se tratara de solo dos cuerpos. (Se pueden ignorar las estrellas más alejadas ya que, aproximadamente, se contrarrestan). Pero la realidad no es tan sencilla. La atracción entre una estrella y sus vecinas más próximas introduce un elemento caótico que supera el impacto del continuo imaginado (un ejemplo típico es que una estrella cercana más rápida tenderá a arrastrar con ella a nuestra estrella específica). Parece que el problema que desconcertó a Newton, lo ha hecho también a los astrónomos contemporáneos a mayor escala.

Sin embargo, en su tiempo libre, los astrónomos pueden participar en un juego en el que se pueden ver una vez más los efectos caóticos que alteran la pulcritud newtoniana.

Un solo cuerpo
Newton demostró que un conjunto compuesto por partes como la Tierra actúa como si fuera un solo elemento situado en su centro de gravedad. Sin embargo, esto asume que las partes componentes no se mueven unas respecto a las otras.

←

La galaxia de Andrómeda
La vecina más grande de la Vía Láctea, la de Andrómeda, se encuentra a unos 2,5 millones de años luz de distancia.

Billar versus *pinball*

«O si intenta "ver" un electrón con
luz (o rayos X), los fotones de luz golpean
a los electrones como bolas de billar [...]».
Roger Jones, 1953–

El juego favorito de los físicos

Antes de lograr hacernos una idea de cómo surge este
comportamiento impredecible, vale la pena explorar otro ejemplo
del mundo de Newton como indicio de la naturaleza del caos que
se avecina: los juegos en los que una bola rebota en otros objetos.
El billar de carambolas es uno de los juegos más antiguos que se
utilizó como ejemplo favorito para explicar los problemas físicos
que surgen al aplicar las leyes de Newton. Se parece al billar
americano (*pool*) o al inglés (*snooker*), pero se utilizan solo tres
bolas (dos blancas y una roja), tuvo su origen en un juego al aire
libre en la Europa del siglo XV y ya era popular en los tiempos
de Newton. El *snooker* y el *pool* se inventaron en el siglo XIX.

Por lo general, el billar implica golpear una bola con otra. Los
jugadores, por turno, golpean su bola blanca con el taco, esta
rueda por la mesa y debe golpear las otras dos. En su recorrido
puede chocar con las bandas de la mesa, lo que hace más
interesante el juego para los que gustan de los problemas de
física. El billar es ideal para aplicar las leyes de Newton relativas
al movimiento. Conocida la posición y el impulso que se da a la
bola, debería ser posible predecir con exactitud lo que sucederá
cuando una bola choca con otra. Desde un punto de vista estricto,
esto solo es cierto en la mesa ideal de los físicos en la que no hay
rozamiento cuando la bola se desplaza sobre el tapete verde, y

no hay pérdidas de energía en forma de ruido o calor cuando las bolas chocan entre sí o con las bandas. En la práctica, las mesas de billar del mundo real, con una superficie razonablemente lisa, constituyen un entorno lo suficientemente sencillo para que las predicciones de la física resulten correctas. Un buen jugador suele ser capaz de realizar el tiro correcto. La mesa de billar se ha convertido en un escenario del determinismo matemático en el mundo físico.

El billar cuántico

Para ser precisos, la naturaleza determinista del billar es verdadera cuando se trata de las mesas y bolas de billar actuales. Sin embargo, los científicos trabajan con modelos, es decir, con analogías matemáticas utilizadas para describir el comportamiento de algo que se parece a un sistema conocido. Con el desarrollo de la física cuántica en la década de 1920, se vio claramente que crear el modelo del comportamiento de las partículas cuánticas, como los electrones, los fotones de luz y los átomos como si fueran bolas de billar presentaba serios problemas.

Veamos un sencillo movimiento en el billar: el rebote de una bola en la banda. La bola se comporta de un modo clásico, predecible según Newton. Se dirige a la banda siguiendo una línea recta que forma un determinado ángulo con la banda, golpea la banda y rebota siguiendo una línea que forma el mismo ángulo con ella, pero en sentido contrario. A primera vista parece razonable pensar que, por ejemplo, los fotones de la luz se comportan del mismo modo. Los fotones rebotan en un espejo (en realidad, el fotón es absorbido por un electrón de uno de los átomos del espejo y a continuación es reemitido, pero no pensemos ahora en ello) y salen con el mismo ángulo en el que llegaron, pero en la dirección opuesta. Como aprendimos en la escuela, «el ángulo de incidencia es igual al de reflexión». Sin embargo, de acuerdo con la física cuántica, el fotón sigue todas las trayectorias posibles cuando va hacia el espejo y se refleja con *todas* las trayectorias posibles, y cada una de las trayectorias tiene una probabilidad de ser seguida.

Reflexión convencional

La física clásica asume que la luz se refleja con el mismo ángulo con el que incide, como una bola de billar al rebotar en la banda.

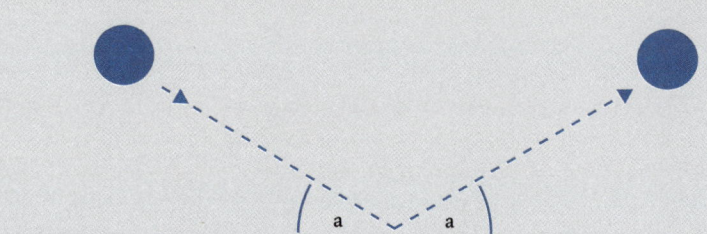

Reflexión cuántica

La física cuántica muestra que los fotones se reflejan con distintos ángulos, muchos de ellos cancelados, pero si se eliminan bandas del espejo, la reflexión observada puede ocurrir en un ángulo inesperado.

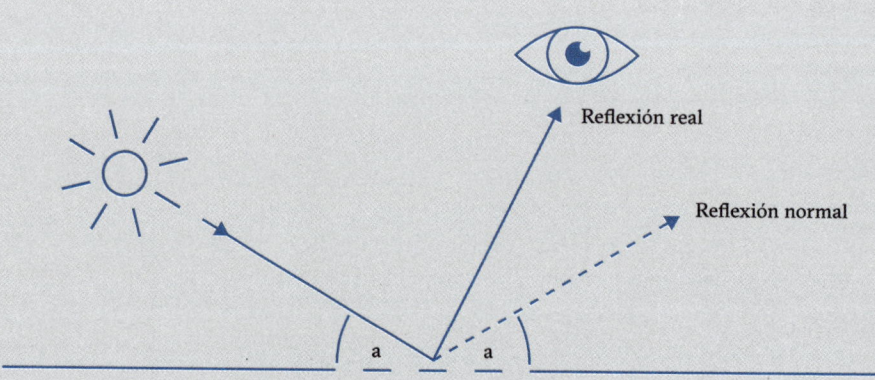

Superficie reflectante con bandas oscuras

Arcoíris del CD
Los patrones en forma
de arcoíris se generan por
los diferentes colores que
se reflejan con ángulos
inesperados.

En la práctica, muchas de estas trayectorias probabilísticas se cancelan, y lo que sucede se parece al rebote convencional de las bolas de billar. Pero si eliminamos algunas bandas del material reflectante del espejo, desaparecen algunas de las posibles trayectorias, y la luz rebota con un ángulo totalmente inesperado.

El ángulo resultante depende de la distribución de las bandas que hemos eliminado y de la energía de los fotones involucrados (el color de la luz). Se puede ver este efecto en un sencillo CD, que tiene en su superficie un gran número de marcas. Esos surcos minúsculos actúan como si fueran partes perdidas de la superficie reflectante del total del disco. Si mira el CD con una luz incidente inclinada, se ven patrones de luz como pequeños arcoíris. Estos efectos ópticos son consecuencia de las diferentes energías de los fotones emitidos en direcciones totalmente diferentes a las del ángulo de incidencia.

La magia del *pinball*

El comportamiento de las partículas es genuinamente aleatorio, pero se rige por la probabilidad. Sin embargo, si introducimos algunas modificaciones a la interacción del tipo billar, aparece un nuevo ejemplo de lo difícil que es hacer cálculos en el mundo real. De nuevo, lo que ocurre es que una interacción muy simple resulta imposible de predecir debido a la presencia de factores que hacen

que diferencias muy pequeñas en el punto de partida tengan como consecuencia grandes variaciones en el resultado, un hecho que reconoceremos como fundamental del reinado del caos.

Esto es muy fácil de entender para cualquiera que haya jugado al *pinball*. Aunque es cierto que algunos juegan mejor que otros, es más difícil que un jugador sea tan consistente como puede serlo un billarista. Cuando se pone la bola en juego, su interacción con el primer obstáculo que encuentra depende de varios factores. Uno es la fuerza de lanzamiento de la bola, que es mucho más difícil de controlar con el dispositivo de muelle de la máquina que con el taco que se maneja con las manos. Hay también una interacción de la bola con las paredes que la conducen a la parte alta del juego. Y si el primer obstáculo que encuentra la bola es un parachoques, las incertidumbres en la sensibilidad de estos elementos y el empuje de la bola son enormes. De un modo parecido, en las máquinas más antiguas, en las que la bola chocaba con sencillos clavos en la superficie de la mesa, el ángulo de reflexión de la bola es tan dependiente de diferencias minúsculas, que la dirección en que salen es totalmente impredecible.

A medida que la bola baja por la mesa, el punto al que llegará está fuera de todo control. Mientras que un buen jugador de *pool* puede golpear una bola roja con la blanca y meterla en una tronera con cierta seguridad, ningún jugador de *pinball* es capaz de lanzar siempre la bola de modo que llegue al mismo lugar de la mesa sin la intervención de los pulsadores. Por mucho cuidado que se ponga en el lanzamiento, el resultado será casi siempre diferente. Aunque la mesa de la máquina es también determinística (lo contrario a la colisión cuántica), el resultado es impredeciblemente caótico.

En este caso, el caos deriva de la compleja interacción de factores que intervienen en la trayectoria de la bola. En otros casos, puede ser un determinado factor que se autoalimenta el que introduce un efecto inesperado, uno que se espera evitar mediante el empleo de un regulador.

←

Bagatelle
El predecesor del *pinball* y del *pachinko*, en los que el choque con uno de los obstáculos produce un cambio de dirección impredecible.

La seguridad del vapor

«Un regulador es un elemento de una máquina mediante el cual se mantiene su velocidad prácticamente uniforme, con independencia de las variaciones en la potencia del accionamiento o de la resistencia».
James Clerk Maxwell, 1831–1879

La función del regulador

Las primeras máquinas de vapor eran peligrosas. Se desarrollaron mucho antes que la ciencia necesaria para entender bien lo que las hacía funcionar. Eran frecuentes las explosiones y el funcionamiento descontrolado. Este problema se le había presentado al pionero de las máquinas de vapor, el escocés James Watt en el siglo XVIII. Lo resolvió con un dispositivo mecánico que se conoció como regulador.

El regulador de Watt consistía en dos pesos fijos en dos barras con bisagras situadas a dos lados opuestos de un eje rotativo accionado por la máquina. A medida que el eje giraba más rápido, los pesos se elevaban. Este mecanismo iba conectado a una válvula que controlaba la presión del vapor, disminuyendo la potencia aportada si los pesos se elevaban demasiado. El resultado era que la velocidad del eje era controlada o «regulada».

Otros dispositivos, como explica el físico escocés James Clerk Maxwell sobre su mecanismo construido en 1868, hacen que los pesos actúen sobre una superficie en la que se produce un rozamiento. El nombre que le dio Maxwell a estos mecanismos, y la versión de Watt, fue «moderador» en lugar de regulador, ya que era posible aumentar la velocidad al incrementar la potencia. El grado de aumento era menor que de la otra manera, pero no

Regulador simple
Cuando el eje gira más deprisa, las bolas se elevan debido a la fuerza centrífuga, con lo que se cierra la válvula.

Regulador parado

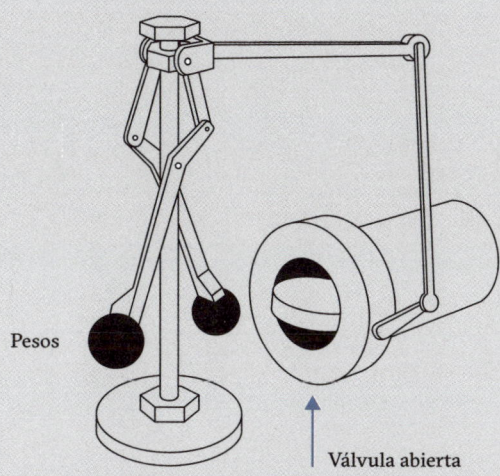

Pesos

Válvula abierta

Regulador girando

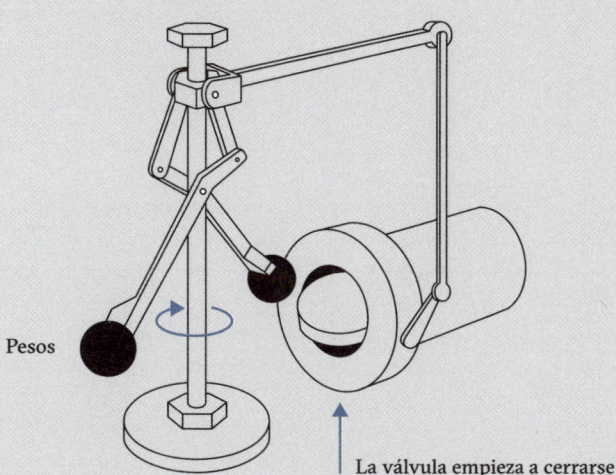

Pesos

La válvula empieza a cerrarse

era reversible. El moderador actúa como freno que aumenta su resistencia cuando incrementa la velocidad.

Además, Maxwell propuso un concepto alternativo, un verdadero regulador, que no solo reducía la velocidad en el caso que la velocidad se elevara en demasía, sino que aumentaba también la resistencia al sobrepasarse la velocidad deseada, e incrementaba la potencia cuando la velocidad se hacía inferior a ella. Permitía un mecanismo de control más sofisticado enfocado al resultado deseado.

Un regulador de este tipo bien conocido es el termostato, que conecta la calefacción si baja la temperatura y la apaga si hace demasiado calor. Un ejemplo más actual de regulador es el más sutil sistema de control automático de velocidad de algunos automóviles, con una flexibilidad superior al simple encendido-apagado, que reestablece la velocidad deseada cuando cambian las condiciones.

En su artículo, Maxwell entra en el detalle de la matemática de un regulador, pero en él no aparece la palabra fundamental que nos dé un enlace con el caos. Esta palabra es «retroalimentación».

El poder de la retroalimentación

Los mecanismos de retroalimentación sencillos datan de hace más de 2000 años en forma de la válvula flotante, de la que se utiliza todavía una variante en muchos aseos modernos para cerrar el agua de la cisterna. La idea consiste en mantener constante el nivel del líquido en el tanque mediante la conexión entre un flotador que sube y baja con el líquido y una válvula que permite la entrada de este en el tanque. Normalmente, el mecanismo de «exceso» suele ser un rebosadero; si el agua sube demasiado, vuelve al tanque por un tubo lateral situado estratégicamente.

Aunque los toscos reguladores centrífugos (para ser menos drásticos con el calificativo que Maxwell) se utilizaban ya en los molinos de viento del siglo XVII, parece ser que Watt fue el primero en utilizar la palabra «regulador» en la década de 1780. Sin embargo, la retroalimentación es un término mucho más moderno, que aparece con su significado actual en la primera década del siglo XX. La retroalimentación describe lo que hace el regulador: produce un efecto sobre la máquina que depende de la magnitud de un valor (la velocidad, por ejemplo) que cambia el valor del mismo.

La retroalimentación puede tener dos tendencias. El regulador que induce una retroalimentación negativa suele activar una acción positiva. En un generador de vapor, cuando aumenta la velocidad,

Retroalimentación
Regreso de parte de una señal de salida o flujo para aumentar o disminuir ese mismo flujo.

el regulador lo cierra. La acción del regulador actúa contra lo que lo mueve, que, en este caso, es la velocidad de rotación de la máquina. La retroalimentación negativa ayuda a mantener el equilibrio del sistema, lo que es claramente el objeto de tener un regulador. Sin embargo, su contrario es la retroalimentación positiva.

En el lenguaje gerencial se utiliza el término «retroalimentación positiva» para las palmadas en la espalda verbales, pero su significado científico, que se aplica a los sistemas en la actualidad, es mucho mas arriesgado. Una retroalimentación positiva introduce cambios en la misma dirección que el valor que la alimenta. Por ejemplo, si tuviéramos un dispositivo de retroalimentación positiva, y este girase demasiado rápido, en lugar de enviar una instrucción para ralentizar la máquina le diría que se acelerara. Al ir esta aún más rápida, el mecanismo de retroalimentación la empujaría a aumentar la velocidad. El resultado sería un descontrol total.

Altavoces chirriantes

Un sistema de retroalimentación positiva se vuelve caótico cuando, por ejemplo, un micrófono activo se encuentra cerca de un altavoz que está conectado a él. Todos hemos vivido el caso de que alguien habla por un micrófono y los altavoces chirrían, pero incluso cuando no lo utiliza nadie, acercar un micrófono a un altavoz produce el mismo sonido penetrante.

Lo que sucede es que el micrófono capta, amplifica y emite a través del altavoz ruidos de fondo muy pequeños. El sonido del altavoz se suma ahora al ruido de fondo captado por el micrófono, con lo que el sonido emitido por el altavoz se hace más fuerte. El ruido se hace cada vez más fuerte y su tono cada vez más alto a medida que el amplificador no consigue manejar la situación. Es imposible predecir exactamente cuál será el ruido resultante, el proceso es demasiado caótico, pero podemos estar seguros de que será de una intensidad desgarradora. Tenderá a ser agudo como resultado de una combinación de tres factores: la distancia entre el micrófono y los altavoces, la direccionalidad y la inconsistente capacidad de respuesta tanto del micrófono como del sistema de amplificación a diferentes frecuencias.

Capacidad de respuesta
Tanto los micrófonos como los amplificadores pueden ser más sensibles a un cierto rango de frecuencias, y dan lugar a una distorsión del sonido.

Con las connotaciones de chillidos ensordecedores y una maquinaria fuera de control, la retroalimentación puede parecer algo completamente negativo, pero tenga en cuenta que, en el fondo, es justo el mismo proceso en su forma negativa lo que mantiene los sistemas bajo control. La retroalimentación se encuentra también en procesos matemáticos; por ejemplo,

A pesar de estar sumergido en agua helada, este bañista de Svalbard, Noruega, mantiene una temperatura corporal normal.

el generador de números pseudoaleatorios utilizado en las loterías (*véase* página 47) funciona alimentando el valor generado como semilla para la siguiente operación del generador, y algunas de las formas fractales que veremos en el capítulo 3, como el conjunto de Mandelbrot, se basan en la realimentación de valores en la ecuación. En estos casos, aunque se genera el caos, los resultados no se descontrolan, sino que producen una serie impredecible de patrones.

Vuelta a la vida, regreso a la realidad

La retroalimentación está presente tanto en sistemas mecánicos como electrónicos, pero aparece también de manera regular en la evolución (de hecho, la evolución por selección natural es en sí misma una forma del proceso de retroalimentación). Es también fundamental en los sistemas biológicos. Muchos organismos vivos, incluso nosotros, mantienen los niveles de una serie de sustancias químicas, así como algunos parámetros físicos, como la temperatura, dentro de un estrecho margen. En todos estos procesos intervienen retroalimentaciones biológicas, que, a menudo, implican la homeostasis, el «mantenimiento de una condición interna estable».

El cuerpo mantiene estrictamente los niveles de algunos productos químicos como el azúcar en la sangre y el calcio, pero la muestra más obvia de los procesos de retroalimentación externa que nos afecta es la temperatura. Salvo en caso de enfermedad, la temperatura del cuerpo se mantiene con un margen de un grado más o menos, aunque la temperatura ambiente varíe en decenas de grados. Unos mecanismos internos, los receptores de temperatura, detectan los cambios de la temperatura corporal.

Si la temperatura baja, el flujo de sangre hacia la piel y los miembros disminuye debido a un estrechamiento de los vasos sanguíneos, una reacción que evita que las temperaturas externas afecten a los órganos internos del cuerpo. Se desencadenan unos procesos químicos internos que generan calor y, si la temperatura no se estabiliza, empiezan los temblores, que hacen uso de la energía muscular para generar calor y aumentar la temperatura corporal. De un modo semejante, si la temperatura del cuerpo aumenta, entra en acción una retroalimentación negativa cuyo efecto es el sudor que se evapora de la piel y la enfría.

Tales respuestas suelen ser provocadas por los cambios de tiempo, y cuando se trata de sistemas caóticos, pocos hay que lo sean más que este último. En realidad, el estudio del tiempo fue el que dio a conocer por primera vez la existencia del caos, y todo ello tuvo su origen en nuestro deseo de conocer lo que depara el futuro.

MOVIMIENTOS INTRINCADOS DE NEWTON Y RETROALIMENTACIÓN SIN CONTROL

3
Problemas del tiempo
y mariposas caóticas

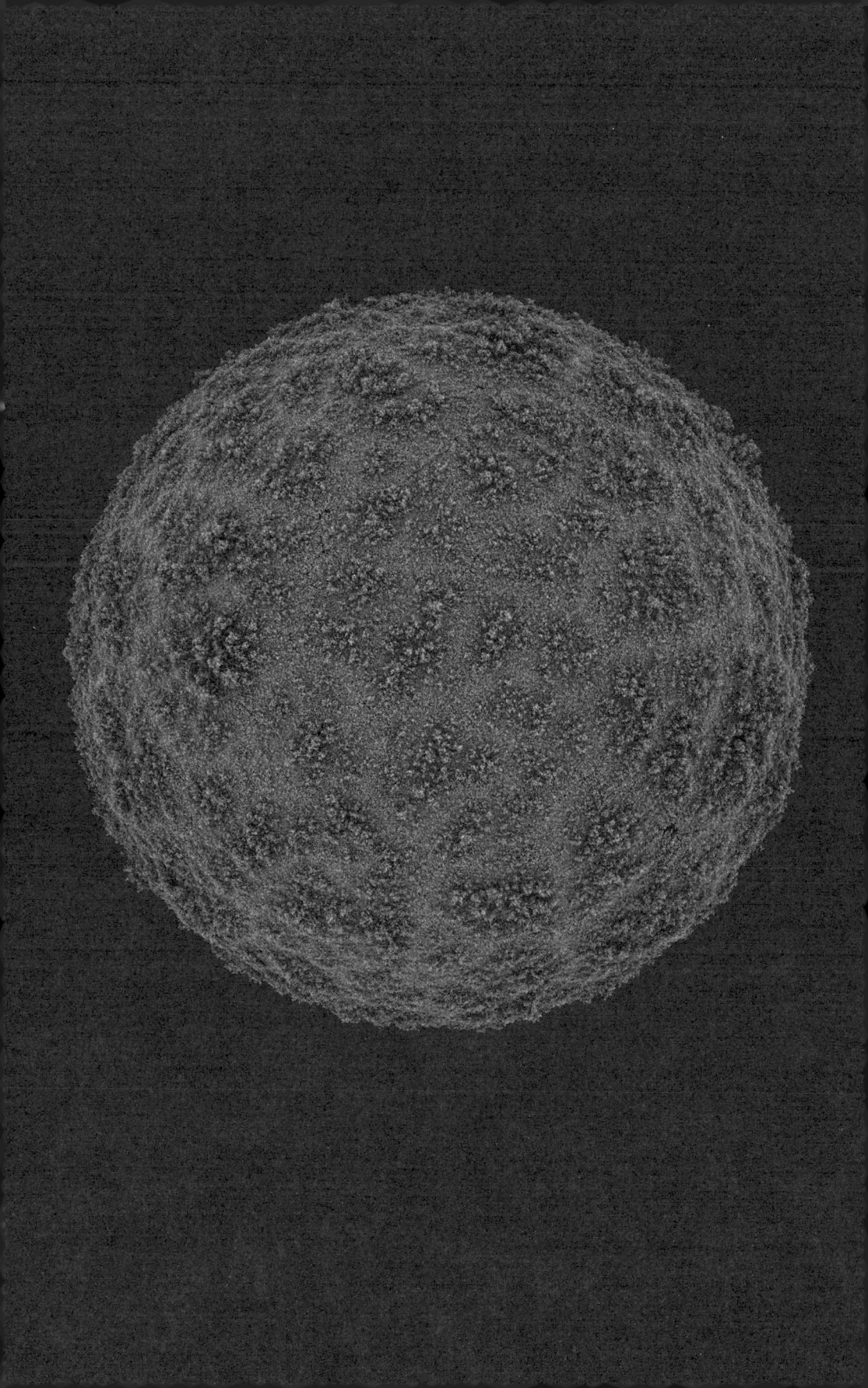

Con la vista en el futuro

«Las predicciones pueden ser difíciles,
especialmente las relativas al futuro».
Niels Bohr, 1885–1962

¿Qué viene después?

Es posible que la característica más definitoria de los seres humanos sea su deseo de conocer lo que está más allá del horizonte. ¿Qué sucederá en el futuro? Esta ansia no solo impregna todos los aspectos de nuestra vida cotidiana, sino que es igualmente la base de las obras de ficción, de las novelas y las películas y de los concursos televisivos. Es la necesidad de descubrir lo que va a pasar, la revelación de peripecias y entresijos inesperados, lo que nos hace seguir leyendo o atentos a la pantalla.

Desde que existen registros históricos, oráculos y profetas, astrólogos y adivinos han ofrecido guías para el futuro, que se podían considerar de inspiración divina. No era necesario utilizar ni números ni patrones, ya que se creía que las predicciones procedían de una fuente externa de naturaleza sobrenatural. Sin embargo, a un nivel más práctico, la capacidad para hacer predicciones locales realistas debió ser una de las causas de los primeros éxitos del *Homo sapiens*.

Nuestra especie data de hace unos 200 000 años, y, durante gran parte de ese tiempo, los cazadores predecían las acciones futuras de sus presuntas presas para colocar sus trampas, no como un acto instintivo sino previendo lo que iba a suceder: *si la persigo de este modo, mi presa hará esto o lo otro*, lo que llevaba a un resultado exitoso. De una manera parecida, la decisión de pasar de un estilo de vida de cazadores recolectores a una sociedad agrícola implicó una gran capacidad de visualización de lo que sucedería en el

→

El oráculo de Delfos
El rey Egeo consulta a la pitonisa del oráculo de Delfos, en esta imagen de una *kylix* (copa para beber vino) de hacia 440 a. C.

PROBLEMAS DEL TIEMPO Y MARIPOSAS CAÓTICAS

futuro. En los últimos 10 000 años o más, cada vez más seres humanos han dependido de la agricultura para la obtención de alimentos, una actividad que requiere de un conocimiento de las estaciones y del modo en que los patrones del tiempo afectan a las cosechas. Asimismo, la ganadería exige la capacidad de visualizar la vida futura de los animales y hacer planes de acuerdo con ello.

Algunos arqueólogos creen que la necesidad de hacer un pronóstico agrícola significa que, por ejemplo, nuestra visión del famoso crómlech en Stonehenge en Wiltshire, Inglaterra, debería ser totalmente contraria a la usual. Se suele asociar este monumento con el solsticio de verano, cuando los rayos del sol se alinean con algunos de sus megalitos. Los druidas de hoy en día y otros adoradores del Sol se reúnen en el solsticio de verano para dar la bienvenida al ascenso del sol hacia su cenit. Pero en el solsticio de invierno, con una asistencia mucho menor, también se produce una alineación, y en pleno invierno, cuando los días comienzan a alargarse, era mucho más importante para los agricultores observadores del futuro que la del verano.

Solsticios
Los solsticios son las fechas en las que el Sol alcanza los límites en su cambio diario de trayectoria. El solsticio de verano corresponde al día más largo, y el de invierno, al más corto. En el hemisferio norte, ocurren el 20 o el 21 de junio y el 21 o el 22 de diciembre respectivamente, y viceversa en el hemisferio sur.

En términos generales, las estaciones son fáciles de prever. Aunque pueda haber algunas variaciones de un año a otro, cada una de las regiones sigue un patrón conocido en cuanto a las temperaturas del verano en comparación con las del invierno, o, en las zonas tropicales, las de la lluvia en las estaciones seca y húmeda. Sin embargo, este no era el límite en los intentos por predecir lo que ocurriría después. Siempre ha habido individuos dispuestos a enfrentarse a la aleatoriedad.

Que rueden los dados
Cuando analizamos la aleatoriedad, nos encontramos siempre con el uso de los dados u otros mecanismos en los juegos de azar. Vale la pena preguntarnos por qué los ejemplos de aleatoriedad más obvios suelen proceder de dichos juegos. El hecho es que, desde la más remota antigüedad de la que tenemos registros, los seres humanos se han sentido fascinados por el modo en que la intervención del azar puede influir en el posible futuro.

En algunos casos, era (y lo sigue siendo) un mecanismo para los juegos de azar, en el que la esperanza de todo jugador es predecir el futuro con acierto. Con demasiada frecuencia, un jugador cree que tiene el sistema que le permitirá hacer «saltar la banca». En realidad, la aleatoriedad, por definición, no permite predecir resultados concretos. Sin embargo, entender cómo funciona proporciona al jugador la ventaja de saber la probabilidad de que salga un resultado determinado, lo que le permite actuar con conocimiento de causa.

Algunos juegos de azar tienen límites impuestos por su formato, lo que hace más fácil predecir el futuro estadísticamente si el jugador es lo bastante hábil. Por ejemplo, en el *blackjack*, que es un juego de naipes en el que las cartas se extraen de un *zapato* con un número conocido de mazos de cartas, y los jugadores ven todas las cartas que aparecen a medida que el juego progresa, es posible contar las cartas que ya han aparecido, lo que cambia la probabilidad de que salgan ciertas cartas al avanzar el juego.

Como sencillo ejemplo, si de un mazo voy sacando cartas y ya han salido dos seises y ningún diez, sé que la probabilidad de que salga un diez es el doble de que salga un seis. En los casinos, el *zapato* contiene varios mazos, por lo que los cálculos y la memoria necesaria se hacen muy complicados, pero contar ayuda siempre para tener una mejor idea de lo que puede salir a continuación. Los casinos consideran que el conteo de cartas es tramposo, aunque, de un modo estricto, todos los jugadores intentan jugar haciendo el mejor uso posible de la información de que disponen. De hecho, es el casino el que hace trampa al no permitir el conteo.

El juego crea una suerte de mitología de los pronósticos que se basa en una mala interpretación de la naturaleza de las probabilidades. Veamos, por ejemplo, el caso del lanzamiento repetido de una moneda. En una de mis conferencias, lancé una moneda con la que había sacado previamente nueve caras frente al público. Pregunté entonces si en ese lanzamiento la probabilidad era mayor de sacar cara, de sacar cruz o si era del 50:50. Casi siempre, algunos asistentes dijeron que era mayor de que fuera cruz. Esta predicción se conoce como la falacia del jugador o falacia de Montecarlo.

Parece lógico que después de una serie de caras consecutivas, sea mayor la probabilidad de que salga cruz, ya que sabemos que en una serie larga de lanzamientos saldrá, aproximadamente, el mismo número de caras que de cruces. Sin embargo, recuerde el fallo de este razonamiento: la moneda no tiene memoria. No sabe que ha caído nueve veces seguidas con la cara hacia arriba. Por ello, con una moneda bien equilibrada, el resultado de cualquier tirada sigue siendo 50:50. (De hecho, como dijeron algunos asistentes, la manera más sencilla de sacar nueve caras seguidas es usar una moneda con dos caras).

ABortive	2
Aged	27
Ague	1
Bedridden	1
Bleeding	1
Childbed	7
Chrisomes	10
Consumption	103
Convulsion	28
Cough	1
Dropsie	24
Drowned at St. Kather. Tower	1
Feaver	48
Flox and Small-pox	8
French pox	2
Frighted	2
Griping in the Guts	25
Hanged her self at St. James Clerkenwel	1

Jaundies	
Imposthume	
Infants	
Killd 2, one with a fall at S bans VVoodstreet, and with a fall from a Scaffo St. Giles in the fields	
Kingsevil	
Lethargy	
Overlaid	
Palsie	
Plague	
Rickets	
Rising of the Lights	
Scowring	
Scurvy	
Spotted Feaver	
Stilborn	
Stone	
Stopping of the stomach	
Strangury	
Suddenly	
Surfeit	
Teeth	
Thrush	
Winde	
Wormes	

Christned	Males	101	Buried	Males	305	Pla
	Females	103		Females	310	
	In all	204		In all	615	

Increased in the Burials this Week

Parishes clear of the Plague——111 Parishes Infected——

The Assize of Bread set forth by Order of the Lord Maior and Court o
A penny Wheaten Loaf to contain Nine Ounces and a half, a
half-penny White Loaves the like weight.

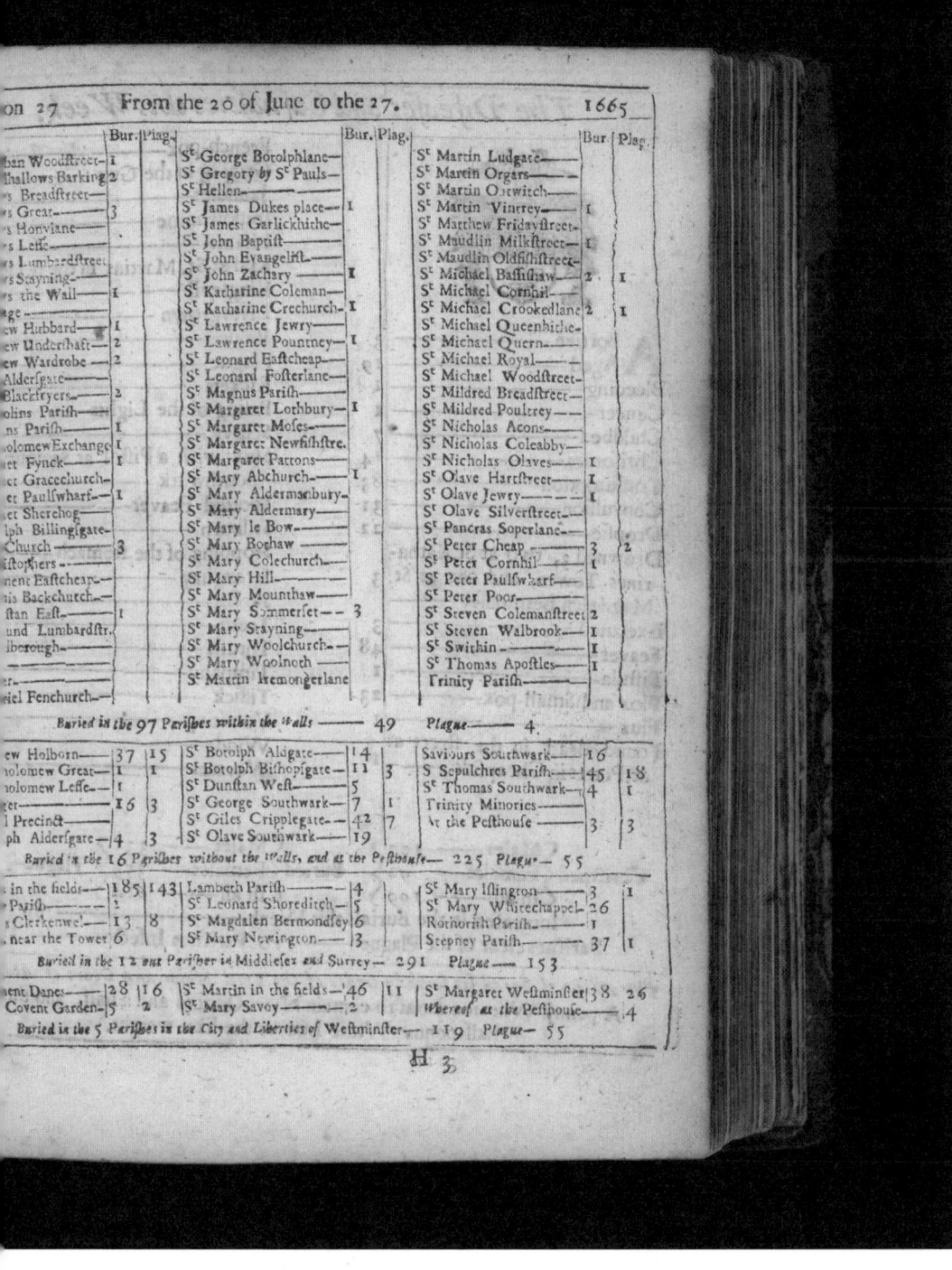

Boletines de mortalidad de Londres
Este documento de 1664/1665, semejante a los utilizados por John Graunt (*véase* página 90), muestra las causas de la muerte en Londres y el lugar del entierro.

Este es uno de los resultados de «sensación» o «intuición», en los que el sentido común no va de acuerdo con las probabilidades, en los que las predicciones de futuro son drásticamente erróneas. El problema no solo se presenta en los juegos de azar y en los pronósticos de los expertos deportivos, sino también en, por ejemplo, el mercado de valores. Los buenos pronosticadores deben tener un conocimiento sólido de la teoría de las probabilidades y de la estadística para evitar caer en las trampas de las probabilidades.

Nacimientos y defunciones

John Graunt, un acaudalado mercero de Londres, hizo las primeras predicciones matemáticas utilizando las estadísticas. Se sirvió de los «boletines de mortalidad» (detalle de cómo habían fallecido los londinenses entre 1604 y 1661) y los registros de los nacimientos en el mismo período, para intentar entender lo que sucedía con la población.

Además de analizar los datos disponibles, Graunt intentó utilizar sus estadísticas para mirar hacia el futuro mediante una estimación de la distribución de las edades de fallecimiento de un grupo de personas que habían nacido en la misma época. Este enfoque fue adoptado por otros estudiosos en Londres a finales del siglo XVII e inicios del XVIII, en particular por el astrónomo Edmond Halley. Estos, trabajando en grupos que se reunían en cafés de Londres, iniciaron lo que se convertiría en la industria de los seguros. Para hacer ofertas interesantes sobre las primas del seguro y los pagos finales (de hecho, apuestas sobre el futuro de los individuos), las agencias de seguros debían hacer predicciones de cómo sería, en promedio, la vida y la muerte de sus clientes en un complejo futuro.

Por primera vez, los pronósticos no se basaban en estimaciones o patrones repetitivos como las estaciones, sino en un análisis estadístico de la población, haciendo uso de las probabilidades y de la asunción de la intervención (en su conjunto) de la aleatoriedad para obtener una visión realista de algunos aspectos del futuro.

Sin embargo, debieron pasar bastantes años para que se iniciara el más común de los pronósticos. Es uno que casi todos consultamos cada día: el del tiempo.

Cafés
Los establecimientos especializados en esta bebida aparecieron en Londres en la década de 1650, y se convirtieron en lugares de reunión para discusiones políticas y filosóficas, y para hacer negocios.

Lluvia o sol

«La meteorología ha sido siempre la manzana de la discordia, como si las violentas conmociones que tienen lugar en la atmósfera indujeran un efecto empático en las mentes de los que han intentado estudiarla».
Joseph Henry, 1797–1878

Cualquiera que sea el tiempo

Podemos suponer como probable que el pronóstico estacional se remonta, por lo menos, a Stonehenge, cuyas primeras construcciones datan de hace unos 5000 años. Sin embargo, solo ofrece una amplia previsión general, que abarca varios meses. Lo que querían saber realmente los agricultores, los marinos y cualquier otra persona cuya vida se viera afectada por el clima era cómo serían las cosas al día siguiente o en los sucesivos. ¿Seco para ese largo viaje que tenía que emprender, o la lluvia arruinaría la cosecha si no se recolectaba en los próximos días? El pronóstico tradicional, como la medicina tradicional, se basaba en una combinación de malentendidos y observaciones populares que se fundamentaban en cierto grado de validez estadística.

Observaciones de este tipo se reflejan en los refranes «Sol poniente el cielo grana, buen tiempo para mañana» y «Cielo rojo a la alborada, cuidado que el tiempo se enfada». Algunas de estas predicciones no tienen una base firme, pero estas tienen cierto sentido. Los cielos rojos tienden a ser propios de una presión atmosférica relativamente alta, que es más propicia a atrapar las partículas de la atmósfera que dispersan la luz roja del Sol. Las altas presiones por la tarde tienden a acercarse a la región y traen normalmente buen tiempo. Por el contrario, las altas presiones por la mañana suelen estar de paso, y preceden a un deterioro del tiempo.

Las técnicas tradicionales de predicción del tiempo a largo plazo suelen tener bases menos realistas. Muchas se basan en el comportamiento de los animales o de los árboles, ya que suponen que, al estar más en sintonía con los ciclos naturales, reflejan algo no visible para nosotros; por ejemplo, se dice que, si los árboles producen más bayas durante el otoño es un presagio de un invierno más duro. Sin embargo, no hay pruebas que respalden una lógica tan poco fundamentada. Los árboles no tienen forma de saber qué pasará dentro de unos meses. Lo mismo ocurre con la tradición estadounidense más moderna del «día de la marmota», que afirma que la reacción de la marmota a su sombra (o falta de ella) predice el tiempo durante las siguientes seis semanas. En realidad, las predicciones de la marmota no son mejores que lanzar al aire una moneda y dejar el pronóstico al azar.

Los barómetros, que se inventaron en el siglo XVII, se hicieron populares en los hogares a finales del siglo XIX, cuando se constató de una manera más explícita que las variaciones de la presión atmosférica podían ser indicadoras de un cierto cambio en el patrón del tiempo. Hacia esa época nacieron los pronósticos del tiempo precursores de los actuales, hechos posibles gracias a la recopilación de datos procedentes de estaciones meteorológicas dispersas y al telégrafo eléctrico, que permitía reunir los datos en una central, en un intento de hacer un pronóstico a gran escala para una región o país.

Francis Beaufort y Robert FitzRoy (este último más recordado como capitán del Beagle durante el famoso viaje de Charles Darwin) intentaron hacer las primeras predicciones formales del tiempo para la marina inglesa en la década de 1850. El primer pronóstico para el público apareció en el periódico londinense *Times*, en 1861, con el primer mapa del tiempo en 1875. Durante varias décadas, los pronósticos tenían un carácter cualitativo, basados en observaciones combinadas con predicciones de la presión atmosférica, pluviosidad, dirección y fuerza del viento, pero, en la década de 1920, la meteorología era una ciencia numérica que dividía el espacio tridimensional ocupado por la atmósfera en regiones pequeñas, con predicciones relativas a cómo cambiaría el tiempo en el transcurso de los días.

A pesar de ingentes inversiones, esfuerzos y dinero en la predicción del tiempo, los resultados eran a menudo erróneos, y debieron pasar otras cuatro décadas sin que nadie se percatara del porqué, aparte de constatar que era muy complicado. En la década de 1960, una precoz simulación computarizada reveló la verdadera naturaleza del caos.

→

Antigua estación meteorológica
Una estación meteorológica de 1880, con un anemómetro automático que registraba la velocidad y la dirección del viento.

PROBLEMAS DEL TIEMPO Y MARIPOSAS CAÓTICAS

Patrones de tiempo divergentes

Los gráficos de Lorenz de 1962 muestran cómo los patrones de cambio de temperatura y los flujos atmosféricos predichos por dos procesos de la computadora se hacen cada vez más divergentes.

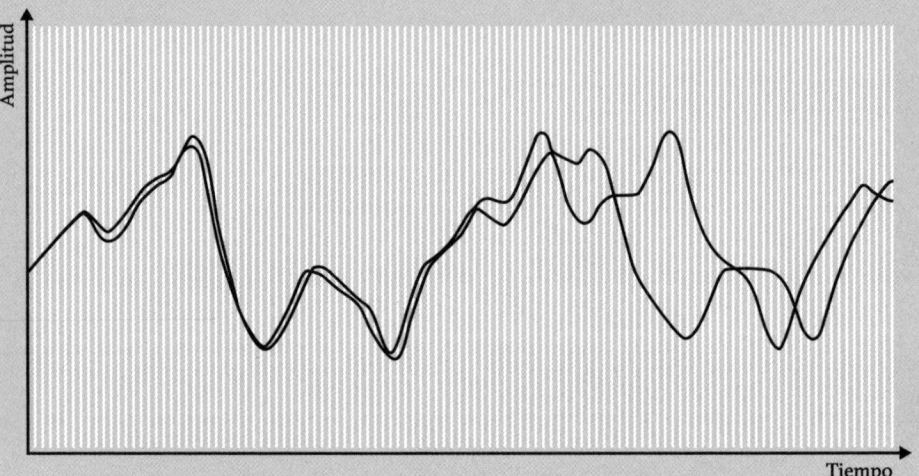

Tomando atajos

La simulación fue una de las primeras aplicaciones de las computadoras, que, a partir de ecuaciones, generaban una secuencia de números que evolucionaba con el tiempo, y que pretendían reflejar algunos aspectos de la vida real como los efectos de la explosión de una bomba nuclear o los patrones del tiempo. En 1961, Edward Lorenz, un meteorólogo estadounidense del Massachusetts Institute of Technology, trabajaba con una pequeña computadora básica (del tamaño de una lavadora) en un modelo del tiempo que hacía uso de una información limitada sobre la temperatura y la velocidad del viento.

Como la computadora era lenta y la simulación implicaba un gran número de cálculos de larga duración, cuando Lorenz intentó circunscribir el estudio a un patrón determinado del tiempo, en lugar de iniciar el programa desde el principio, lo reinició partiendo de los datos ya calculados que tomó de una copia impresa de los mismos de la sesión anterior. Al continuar la simulación, los resultados obtenidos fueron tan diferentes a los de la simulación anterior, que el pronóstico resultante fue completamente nuevo.

Tras comprobar que la computadora funcionaba correctamente, se comprobó que las diferencias tenían su origen en los datos impresos que Lorenz había introducido al reiniciar el programa. Cuando una computadora trabaja con números reales con decimales, debe establecer ciertos compromisos. Hay límites en el número de decimales con los que puede trabajar, y en la década de 1960 estos límites eran muy estrechos. La computadora que utilizaba Lorenz trabajaba con seis decimales, por lo que un número podía tener un formato tal como 1,385262, pero también había sido programada para que, a la hora de imprimir, redondeara los números a solo tres decimales. Esto era razonable, ya que la precisión parecía suficiente de cara a la realidad, debido a que los datos meteorológicos de que se disponía no tenían ese nivel de precisión. Por ello, al imprimirlo, aquel número se convirtió en 1,385.

Esto puede parecer aceptable, pero los científicos siempre recelan de las imprecisiones no justificadas. No vale la pena partir de números con muchos decimales si la computadora no trabaja con ese grado de precisión en la ejecución de un experimento. Si se especifica un número que puede ser medido con más decimales, se puede suponer que puede proporcionar más información. Esto no quiere decir que la computadora hacía mal su trabajo al usar seis decimales (en los cálculos, cuantos más decimales, mejor), pero también era totalmente razonable que imprimiera solo tres.

Decimales
El número de cifras tras la coma. Por ejemplo, 3,142 es un número con tres decimales, en tanto que 3,14157 tiene cinco decimales.

PROBLEMAS DEL TIEMPO Y MARIPOSAS CAÓTICAS

Se repitieron de nuevo los procesos y se llegó a la conclusión de que unas diferencias mínimas en los valores utilizados para arrancar la simulación proporcionaban resultados con diferencias muy significativas. Desde luego, en aquel caso no se trataba de un programa de pronóstico del tiempo (era mucho menos complejo), pero ya con aquel programa simplificado se vio claramente que sucedía algo sorprendente. Lorenz había descubierto el principio del caos matemático. Aunque ya con anterioridad, como en el caso del problema de los tres cuerpos (*véase* página 59), se había puesto de manifiesto la dificultad de hacer predicciones cuando los sistemas tenían varios componentes interactivos, la teoría del caos formalizó estas observaciones como una realidad matemática que se presenta comúnmente en el mundo real. Todo ello iba a tener una gran importancia en el negocio de los pronósticos del tiempo.

Sistemas del tiempo

El tiempo depende básicamente de la interacción de dos grandes sistemas fluidos: la atmósfera de la Tierra y los océanos, y las masas terrestres sólidas. El tiempo se ha definido tradicionalmente en términos de la atmósfera, y esta es la base de los modelos del tiempo, pero si no se tienen en cuenta los océanos y las masas terrestres (incluido el impacto de los lugares construidos), no se puede esperar un pronóstico efectivo.

Podemos ver el impacto de uno de los muchos factores del mar: la corriente del Golfo. Este fenómeno es la causa de que el noroeste de Europa sea 9 °C más caliente de lo que sería si esa corriente no existiera (el clima debería ser semejante al de Siberia). El nombre común del Golfo hace pensar en un río, pero, de hecho, este fenómeno se parece más al bucle de una cinta transportadora. El viento que sopla sobre el norte del Atlántico enfría la ya helada agua, que se hunde y fluye por debajo de la superficie hacia el ecuador. Al mismo tiempo, la luz solar calienta el agua de la superficie del mar en el golfo de México, y este agua caliente fluye hacia el norte para compensar la que se dirige hacia el ecuador muy por debajo de ella. Este proceso, que se conoce como circulación termohalina, transporta grandes cantidades de calor en el agua del trópico hacia las latitudes septentrionales. El colapso de esta «cinta transportadora del Atlántico norte» fue el tema que quedó reflejado de manera espectacular (y con graves inexactitudes) en la película de 2004 *El día de mañana*. Los hechos que se presentan no son realistas ya que todo sucede demasiado deprisa, y no hay ninguna señal de que la corriente se vaya a detener del todo, pero el concepto subyacente no es totalmente ficción.

Termohalina
Término de la oceanografía que hace referencia a la temperatura y el contenido de sales del agua del mar.

La cinta transportadora del Atlántico norte
La corriente cálida del Golfo se muestra en color rojo y la corriente de aguas profundas del Atlántico norte de retorno, más fría, en azul.

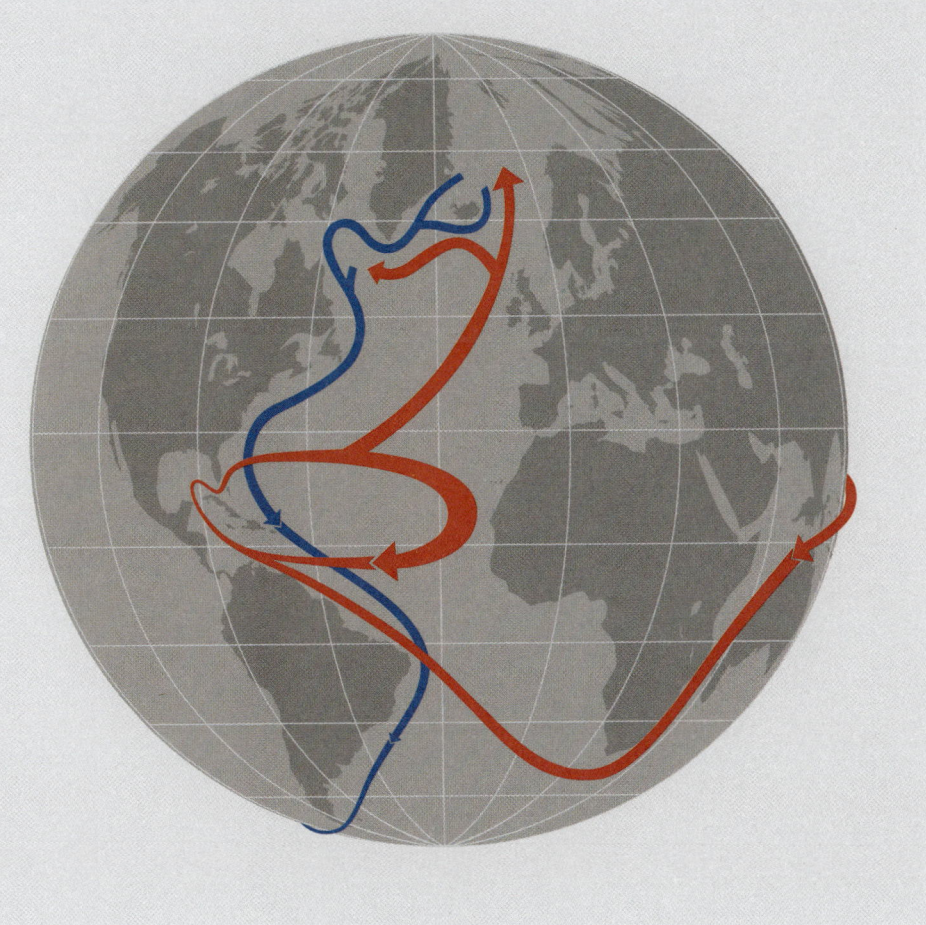

Hay algunas pruebas de que un efecto colateral del cambio climático podría ralentizar la cinta transportadora. A medida que entra en los océanos más agua procedente de la fusión de los hielos polares, disminuye la densidad del agua que se debe sumergir y circular hacia el sur (el agua dulce es menos densa que el agua salada). El resultado es que disminuye la fuerza motriz de la cinta. Por ello, por lo menos en este sentido, *El día de mañana* no es pura fantasía.

Sin embargo, contrariamente a lo que ocurre en la película, esta ralentización parece ser un proceso lento y gradual (en cien años, la fuerza de la corriente del Golfo se reducirá, aproximadamente, un 25 %), y el cambio quedará más que compensado por el previsto calentamiento global. Quizá sería beneficioso para el noroeste de Europa: dicho cambio significaría que esta región se vería menos afectada por el calentamiento global que otras partes del mundo.

La corriente del Golfo es solo uno de los factores que contribuyen a la complejidad del tiempo. Son tantos los que interactúan que obtener un resultado hace que el problema gravitatorio de los tres cuerpos parezca insignificante. Desde luego, no es posible tratar todos los átomos de la atmósfera a nivel individual, pero la complejidad intrínseca de los sistemas del tiempo hace evidente que es en los que se puede aplicar la teoría del caos. A pesar de todo, tanto si estamos de acuerdo con los pronósticos como si no, el tiempo ha creado menos problemas que otro tema relacionado con él: predecir el futuro climático.

El gran panorama

«¿Puede el aleteo de una mariposa en Brasil
desencadenar un tornado en Texas?».
Edward Lorenz, 1917–2008

Preocupaciones sobre el clima

El tiempo es lo que experimentamos directamente en la vida
cotidiana, pero el clima nos ofrece un panorama más amplio.
Como dijo Mark Twain, «el clima es lo que esperamos, el tiempo
es lo que tenemos». La diferencia entre tiempo y clima es la causa
por la que mucha gente no entiende bien lo que es el cambio
climático. Si el tiempo es miserable o se presenta un invierno
particularmente frío llega a la conclusión de que el calentamiento
global no existe.

La realidad es que el clima en su conjunto está sufriendo un cambio
que incluye un calentamiento promedio del planeta, pero en un
lugar en el tiempo y el espacio en el que no experimentaremos este
valor medio. Dado que nuestra experiencia personal es siempre
sobre el tiempo, no sobre el clima, resulta fácil infravalorar lo que
representan en realidad las amenazas del calentamiento global.
Un aumento de temperatura de unos pocos grados parece trivial.
Después de todo, las temperaturas entre el verano y el invierno
varían en decenas de grados. Las predicciones del calentamiento
global no suenan tan dramáticas, pero esto se debe a que se dan
como un valor medio, que refleja los extremos más acusados de
calor y frío en algunos lugares y tiempos del planeta.

El cambio climático no es nada nuevo. De hecho, es algo
totalmente natural. En los 4500 millones de años de existencia
de la Tierra, el clima siempre ha sufrido fluctuaciones. Si nos

La Tierra en la edad de hielo
Extensión máxima aproximada de la capa de hielo durante el último período glacial de la edad de hielo actual.

remontamos al período en el que se han detectado las primeras señales de vida, hace unos 3700 millones de años, las condiciones eran más cálidas, mucho más que las predicciones directas del cambio climático, con temperaturas unos 10 °C superiores a las actuales.

Entre aquel entonces y el presente, las condiciones han sido también mucho más frías. Ha habido, por lo menos, cuatro glaciaciones en la vida del planeta. En esos períodos, los hielos polares se extendieron mucho más por los continentes que en la actualidad, transformando drásticamente el medio ambiente. Además de los daños causados por el peso y el espesor del hielo y las dificultades inherentes para que la vida pudiera subsistir en las latitudes más altas, las temperaturas globales cayeron 10 °C por debajo de los niveles actuales.

Período Cuaternario (Pleistoceno-Holoceno)
Se trata del período geológico actual, que se remonta a 2,5 millones de años. El Pleistoceno y el Holoceno son subdivisiones de aquel, y la actual es el Holoceno.

Técnicamente todavía vivimos el final del período glacial del período Cuaternario (Pleistoceno-Holoceno), que empezó hace unos 2,5 millones de años. A medida que avanza un período glacial, hay épocas en los que los hielos avanzan, conocidos como glaciales, y los interglaciales, en los que los hielos retroceden; hace unos 11 000 años experimentamos un interglacial. En esos años (y no es una coincidencia que las grandes civilizaciones hayan surgido precisamente en esas franjas temporales), la vida en la Tierra ha sido relativamente fácil.

Si no hubiera interferencia humana, cabría esperar que este interglacial terminara en unos 1000 a 25 000 años, para volver a estar a merced de los hielos. Gran parte de Canadá, el norte de Estados Unidos y el norte de Europa volverán a estar bajo capas de hielo: un beneficio potencial del calentamiento global es que las actividades humanas casi han hecho lo suficiente para evitar que tenga lugar el siguiente período glacial. (Frente a todos los titulares alarmistas justificados, debemos recordar que el calentamiento no es inherentemente malo).

El impacto humano
Seguramente habrá oído decir algunas veces a los preocupados por el cambio climático que necesitamos «salvar el planeta». El planeta, la bola de rocas, está bien. No hay nada que podamos echar a la Tierra que no pueda asimilar en uno o dos millones de años, lo que es una pequeña fracción de su vida. Lo que queremos hacer no es salvar el planeta sino la vida actual sobre él, y, en particular, nuestra civilización, o, por lo menos, conservar la vida humana, que es mucho más frágil y sujeta al capricho del clima que el futuro del planeta en sí.

Es evidente que debemos hacer algo al respecto, ya que hay pruebas que han convencido a la mayoría de los científicos de todo el mundo de que la actividad humana en los últimos 150 años ha contribuido de una manera significativa al cambio climático. En primer lugar, no hay duda de que el aumento de los niveles de los gases invernadero debidos a la agricultura, la industria, los hogares y los transportes tienen una gran influencia sobre el clima. Además, desde la década de 1960, ha aumentado el ritmo del incremento del calentamiento global. Entre 1906 y 2005, las temperaturas medias han aumentado en 0,74 °C, y el incremento fue mucho mayor en la segunda mitad del siglo xx que en la primera.

Se puede ver el impacto del cambio climático en lo que los climatólogos confusamente denominan anomalías globales de la temperatura. Estas reflejan el modo en que se mide. Es muy propio preguntarse cómo cambia la temperatura media del planeta, pero ¿cómo se calcula la temperatura media de un cuerpo inmenso como la Tierra, en condiciones tan variadas en un momento determinado? En la actualidad no es posible calcular una media significativa de todo el mundo. De momento, no hay suficientes estaciones meteorológicas repartidas uniformemente por toda la superficie del planeta para registrar las mediciones requeridas con ese fin.

En su lugar, los científicos utilizan mediciones que no son valores absolutos, sino variaciones relativas, lo que ellos llaman anomalías de la temperatura (que se podrían interpretar como temperaturas extrañas, pero ellos usan la palabra «anomalía» para definir una variación). Para encontrar estas anomalías, los climatólogos comparan las temperaturas medias de un período particular con las medias obtenidas durante un largo período en las mismas estaciones meteorológicas. De este modo, cualquier variación (la anomalía) destaca del resto de datos.

Esta es la razón principal por lo que hay diferencias en las comparaciones de las temperaturas medias proporcionadas por diferentes organizaciones de control del clima, ya que el tamaño de las anomalías depende del período largo utilizado para hacer las comparaciones y algunas organizaciones han decidido utilizar períodos diferentes. Esto quiere decir que si, por ejemplo, no llegan a las mismas conclusiones sobre qué año fue el más caluroso, llegan sin embargo a afirmar que la década a partir de 2010 fue la más cálida desde que hay registros, como lo fue la anterior a ella.

Anomalías de la temperatura global

Diferencias de las temperaturas con la media de 1951-1980. La línea negra es una curva de tendencia de la media de 5 años para suavizar los cambios.

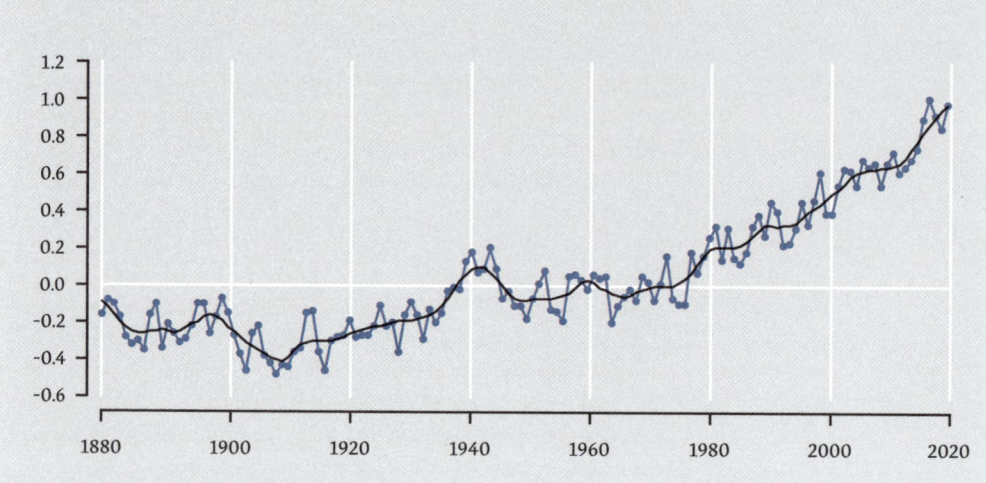

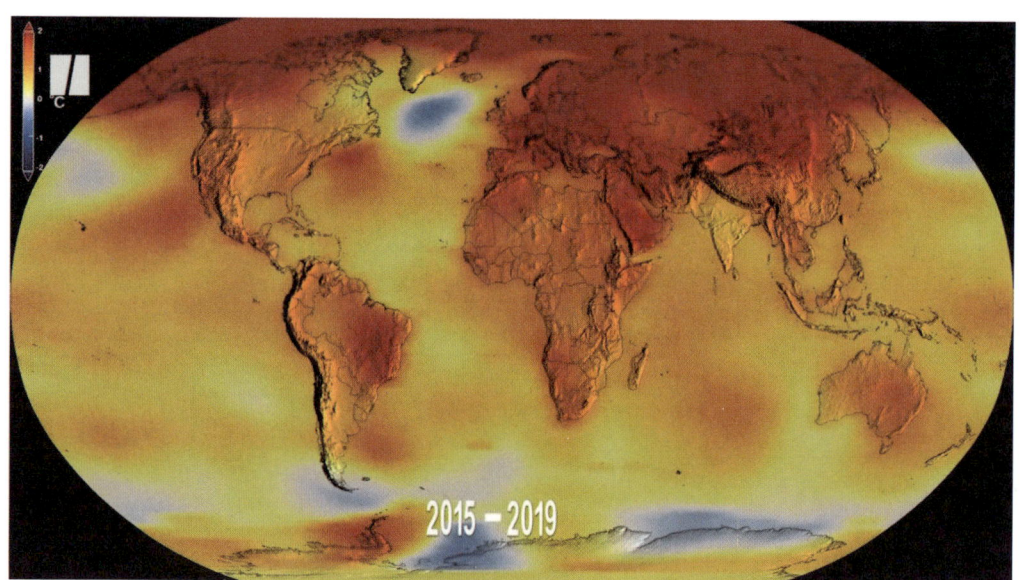

Lo que es aún más cuestionable es la precisión de los modelos que predicen cuál será el impacto que tendrá este calentamiento en el medio ambiente, ya que el número de variables es inmenso, desde el complejo impacto de las nubes sobre la fusión de las capas de hielo. El efecto de las nubes es difícil de introducir en los modelos ya que, en función de su altitud, pueden aumentar o disminuir el nivel de calentamiento global (las nubes altas atrapan la radiación térmica de la Tierra y evitan que se escape el calor; las nubes bajas, al ser más gruesas, reflejan más la energía solar antes de que llegue a ella), y no existe un modo razonable para incluir su influencia en un modelo informático.

Dicho esto, los mejores modelos son bastante efectivos para «predecir» el pasado (cuando se los alimenta con los datos más antiguos, sus resultados coinciden razonablemente bien con lo ocurrido en los últimos cien años), por lo que tienen una justificada posibilidad de predecir el futuro, y no hay duda de que hay un componente humano en el calentamiento. La única discrepancia entre los modelos es hasta qué punto nuestra actividad está acelerando las cosas. Al igual que los modelos del tiempo, se hacen múltiples iteraciones de los modelos climáticos para determinar su sensibilidad a las variables (*véase* Soluciones combinadas, página 109), pero las complicaciones son menores que con un sistema caótico, ya que los modelos climáticos parten de más atrás para lograr una visión del conjunto que no se vea afectada por las detalladas interacciones de los componentes que conforman el tiempo.

Los pronósticos del clima sugieren que ciertos cambios relativamente pequeños en la temperatura global pueden tener un gran impacto en la vida cotidiana, pero la amplificación de los resultados es casi despreciable en comparación con la otra gran aportación de Lorenz al estudio del caos: el efecto mariposa.

El efecto mariposa

La mayoría de nosotros conoce alguna variante del título de la conferencia original de la charla de Lorenz que dio nombre a este concepto: «¿Puede el aleteo de una mariposa en Brasil desencadenar un tornado en Texas?». La idea es sencilla. La teoría del caos nos dice que unos pequeños cambios en las condiciones iniciales pueden conducir a grandes cambios en los resultados. ¿Podría uno de estos cambios ser tan mínimo como el aleteo de un insecto, y el resultado tan inmenso como un tornado devastador a miles de kilómetros de distancia?

←

Anomalías de la temperatura global 2015-2019
Comparación de las temperaturas medias del mar y la tierra con la media de 1951-1980. Las áreas en rojo están más calientes de lo normal, y las más frías, en azul.

Lo que se suele olvidar es que la respuesta de Lorenz fue «no». Existe lo pequeño y lo ridículamente pequeño. Lo que es pequeño en términos de un sistema de tiempo es muy grande comparado con el flujo de aire generado por las alas de una mariposa. Estas informaciones mínimas tienden a ser amortiguadas en un sistema complicado, y a desaparecer en lugar de magnificarse. A este respecto, un tornado es un patrón de tiempo localizado sobre el que es muy difícil influir desde una larga distancia. A pesar de ello, el concepto subyacente de Lorenz de pequeñas diferencias causantes de grandes resultados no estaba equivocado.

A pesar de su exageración, «el efecto mariposa» constituye un recuerdo efectivo del mensaje central del caos; una pequeña diferencia inicial puede traducirse en grandes diferencias en los resultados. Es algo de lo que deberíamos ser plenamente conscientes, ya que suele ocurrir en la vida cotidiana. La película de 1998 *Sliding doors* presenta una buena muestra de este hecho, ya que la protagonista tiene dos futuros potenciales, que dependen de que llegue a tomar o no un tren concreto del metro de Londres. Todos hemos tenido un momento en la vida que ha tenido una influencia decisiva en su transcurso; por lo menos a este respecto no resulta irrazonable calificarla como caótica.

El título de la charla, que Lorenz afirmaría más tarde que fue inventado por un colega cuando él mismo no pudo encontrar uno a tiempo, era un recuerdo provocador de este hecho, pero que no debía tomarse literalmente. También vale la pena hacer notar que, aunque el tiempo sea un sistema caótico, lo primero que estudió Lorenz no fue el caos en el tiempo en sí, sino en un modelo informático del mismo. A veces, el problema de las dificultades con los pronósticos del tiempo se presenta por una predicción caótica que no refleja necesariamente un caos específico en el sistema de tiempo en sí. Afortunadamente, hay una manera de soslayar el caos de la predicción caótica que puede ayudar a tratar ambos tipos de aportación.

La transformación
de la meteorología

«La gente nunca presta atención a los partes
meteorológicos; creo que se trata de un factor
constante en la estructura psicológica del hombre,
que es probable que tenga su origen en una
antigua desconfianza hacia el chamán. Uno desea
que se equivoquen. Si tienen razón, es porque, de
alguna manera, son superiores a uno mismo, y
esto resulta incluso más incómodo que mojarse».
Roger Zelazny, 1937–1995

Olvide el largo plazo

Desde que se empezaron a publicar los pronósticos del
tiempo, nuestra relación con ellos no ha sido demasiado buena.
Históricamente, nos hemos equivocado con mucha frecuencia.
Un caso famoso en Reino Unido fue el de Michael Fish, meteorólogo
de la televisión, que dio un pronóstico tranquilizador en la noche del
15 de octubre de 1987. Comentó: «Parece que hace un rato una
mujer llamó a la BBC y afirmó que había oído que se aproximaba un
huracán. Si nos están viendo, no se preocupen, no es cierto». Pocas
horas más tarde, la mayor parte de Inglaterra se vio azotada por la
peor tormenta de los últimos 300 años, con 18 muertos, la caída
de unos 15 millones de árboles y daños generalizados en vehículos,
propiedades e infraestructuras, así como en la vida silvestre.

No hay duda de que el error de Fish fue un caso extremo, pero,
en aquella época, los pronósticos del tiempo eran a menudo objeto
de chistes debido a sus inexactitudes. Los pronósticos a cinco días
vista han mejorado enormemente desde la década de 1980, pero

lo que sorprende es que, a pesar del descubrimiento de Lorenz, y quizá porque deseamos conocer el futuro, se continúan publicando pronósticos a largo plazo. De los trabajos de Lorenz se concluye que nunca sería posible hacer pronósticos válidos para más allá de diez días. Cuando oiga con varios meses de anticipación que se aproxima un verano particularmente cálido, o que nevará mucho en invierno, recuerde que pronosticar que las condiciones serán las usuales en un determinado lugar en un cierto tiempo es mucho más preciso que cualquier pronóstico basado en un sistema caótico.

Al entender el impacto del caos, Lorenz se dio cuenta de lo absurdo de los pronósticos del tiempo a largo plazo. Comentó:

«La verdad es que, de todos modos, no habíamos tenido éxito al hacerlo, pero ahora ya teníamos una excusa. Creo que una de las razones por las que la gente pensaba que era posible pronosticar con tanta anticipación es que hay fenómenos físicos reales para los que se puede hacer un excelente trabajo de pronóstico, como, por ejemplo, los eclipses, donde la dinámica del Sol, la Luna y la Tierra es bastante complicada, o como en las mareas oceánicas... Las mareas son tan complicadas como la atmósfera. Ambas tienen componentes periódicos: se puede predecir que el próximo verano será más cálido que este invierno. Pero con el tiempo adoptamos la actitud de que ya lo sabíamos. Con las mareas, lo que nos interesa es la parte predecible, y la impredecible nos interesa muy poco, a no ser que haya una tormenta».

Soluciones combinadas

Hacia finales del siglo XX se produjo un gran cambio en la manera de hacer los pronósticos computarizados del tiempo, lo que proporcionaría una precisión mucho mayor para las 24 horas siguientes y hasta cinco días vista. Hasta entonces, los pronósticos se realizaban a partir de un solo conjunto de datos para calcular cómo iban a suceder las cosas. Los pronosticadores ejecutaban el programa informático según el modelo y obtenían una imagen de la futura evolución del sistema tiempo. El problema reside, como ahora sabemos, en que los sistemas de tiempos dependen enormemente de la introducción de condiciones iniciales exactas, por lo que cualquier predicción tenía muchas posibilidades de ser incorrecta.

←

Marea baja, Oregón
Contrariamente al tiempo, el comportamiento periódico del sistema de las mareas tiene lugar dos veces al día, lo que las hace más predecibles.

En la actualidad, dado que disponen de una capacidad de cálculo inmensamente mayor, los meteorólogos ejecutan el programa repetidas veces, con sutiles cambios de las condiciones iniciales que recogen las incertezas de los datos y del modo en que puede evolucionar el tiempo. Por ejemplo, el Centro Europeo de Previsiones Meteorológicas a Plazo Medio de Reading, Inglaterra, que muchos consideran el mejor del mundo, proporciona estos pronósticos «combinados», basados en la ejecución de 51 pronósticos diarios en un grupo de supercomputadoras, cada uno de los cuales recoge ligeras variaciones en los parámetros. Los resultados obtenidos se agrupan según los que ofrecen los resultados más parecidos para conformar el pronóstico más probable.

Este enfoque combinado implica que es posible obtener una mejor imagen de la probabilidad de que se den diferentes situaciones del tiempo, y de que se pueda dar la probabilidad en los pronósticos (por ejemplo, «probabilidad del 40 % de que llueva entre las 11:00 y las 12:00 horas»). Sin embargo, las probabilidades expresadas pueden llevar a confusión: esa afirmación no quiere decir que lloverá en un 40 % de los lugares que abarca el pronóstico, ni que lloverá durante el 40 % del tiempo en todos los lugares. Quiere decir que el 40 % de los modelos utilizados pronostica que lloverá en algún momento en el período pronosticado para esa región. Por alguna razón, los pronósticos basados en porcentajes adquirieron popularidad en Estados Unidos antes que en Europa, donde los pronosticadores consideraban que el público no se sentía a gusto con las probabilidades y necesitaban datos más concretos sobre el tiempo venidero. A pesar de ello, en la actualidad, este tipo de pronósticos son los más utilizados.

Resultado de unos modelos mejores y de los pronósticos combinados se ha producido una tranquila revolución. Hace 30 años, los errores de los pronosticadores eran más frecuentes que los aciertos. En la actualidad, los pronósticos a corto plazo son mucho más fiables. Nos hemos habituado a este cambio y todavía refunfuñamos cuando se equivocan, pero esto sucede menos a menudo desde la introducción de los pronósticos combinados. Gracias a las excelentes observaciones de los satélites meteorológicos y a los modernos métodos y tecnologías de pronóstico, las previsiones suelen ser precisas para las 24 horas siguientes y razonablemente efectivas para tres a cinco días; cualquier cosa a más largo plazo es solo una estimación bienintencionada.

La previsión a largo plazo sigue siendo más un tema de adivinación que de ciencia, ya que el potencial de los cambios en un período más largo es inmenso. La realidad es que muchos pronósticos a largo plazo siguen siendo deficientes por mucha potencia de cálculo de que se disponga. Muchos hemos anticipado con entusiasmo la promesa de un gran verano, solo para enfrentarnos

Supercomputadora
Una gran computadora especializada que utiliza miles de procesadores para realizar cálculos extremadamente rápidos, que se emplea a menudo en el pronóstico del tiempo.

→
Predicción del trayecto del huracán Katrina
Pronóstico combinado que muestra la probabilidad de los diferentes trayectos del huracán Katrina en agosto de 2005.

a la realidad de uno horrible. Parece que los pronósticos a largo plazo tienen más probabilidades de ser erróneos que correctos.

Esta falta de precisión en la predicción se debe en parte a que un pronóstico a largo plazo solo puede dar una imagen muy amplia, y el tiempo local puede ser muy diferente a un promedio nacional. Por otra parte, como hemos visto, tampoco es posible acertar si se lleva muy lejos en el futuro un sistema caótico como el tiempo. Si tenemos en cuenta que el mejor pronóstico que podemos hacer es que el tiempo será «como es habitual en esta época del año», las cosas han mejorado desde el punto de vista del conocimiento de las condiciones prevalentes en las últimas dos décadas, ya que ahora disponemos de una mejor apreciación de las condiciones a gran escala, de patrones climáticos duraderos como El Niño, parte de un ciclo a largo plazo que implica una corriente de agua cálida en el Pacífico central que, atípicamente, se mueve al este, hacia América del Sur, y puede influir en el clima en una gran región durante toda una temporada.

El pronóstico del tiempo se ha convertido en una disciplina que consiste en un nuevo estudio matemático del caos. Con el tiempo, el análisis de la naturaleza del caos descubrirá nuevas singularidades en este fascinante campo, empezando por circunstancias en las que el caos, de forma sorprendente, generará calma.

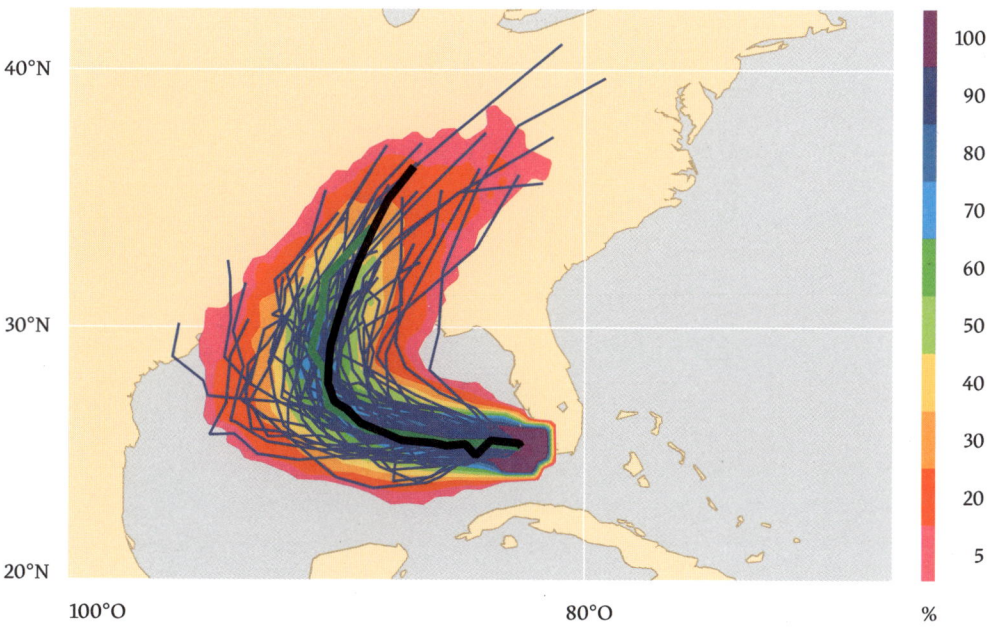

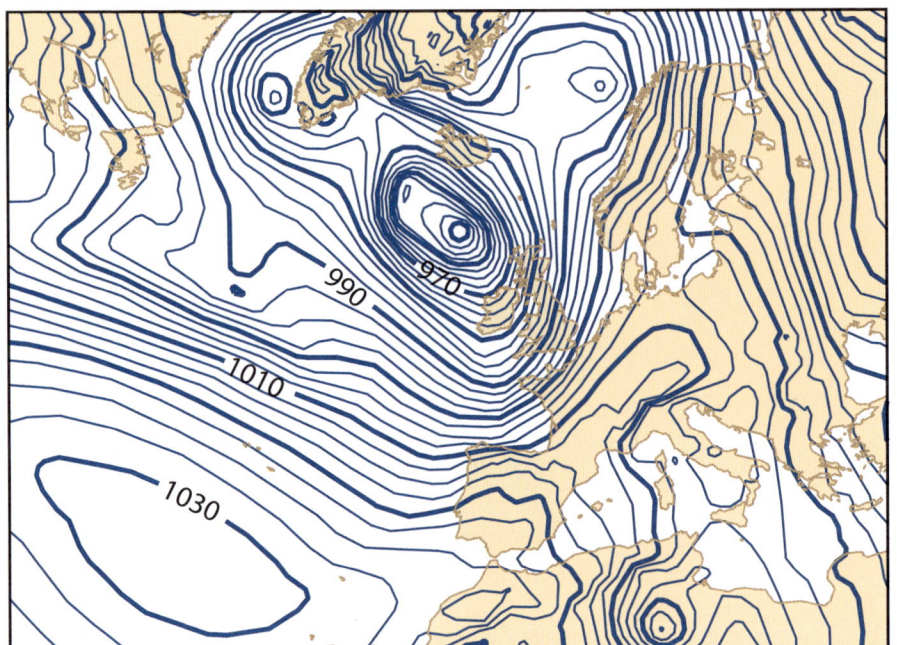

Tiempo inicial

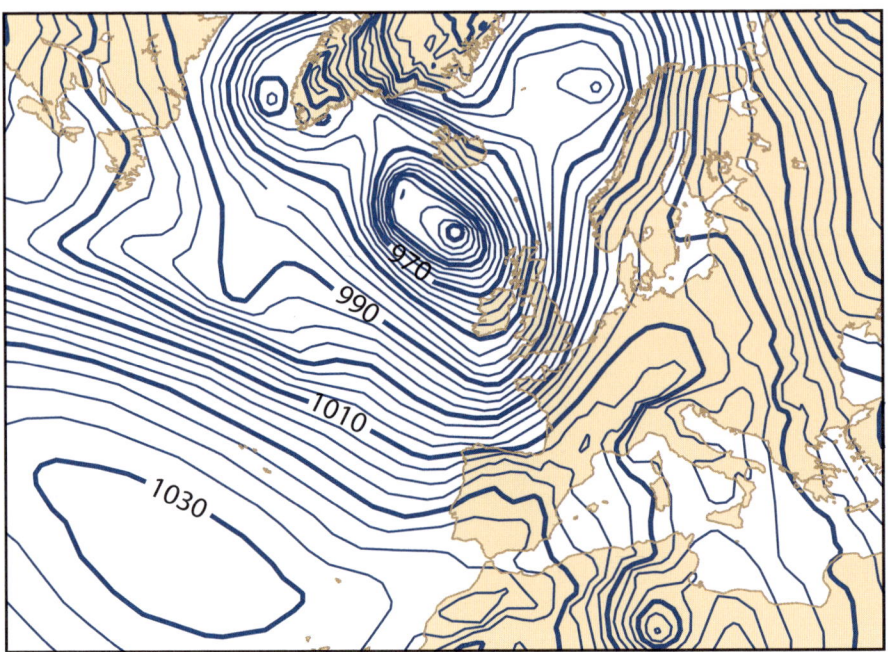

Tiempo inicial

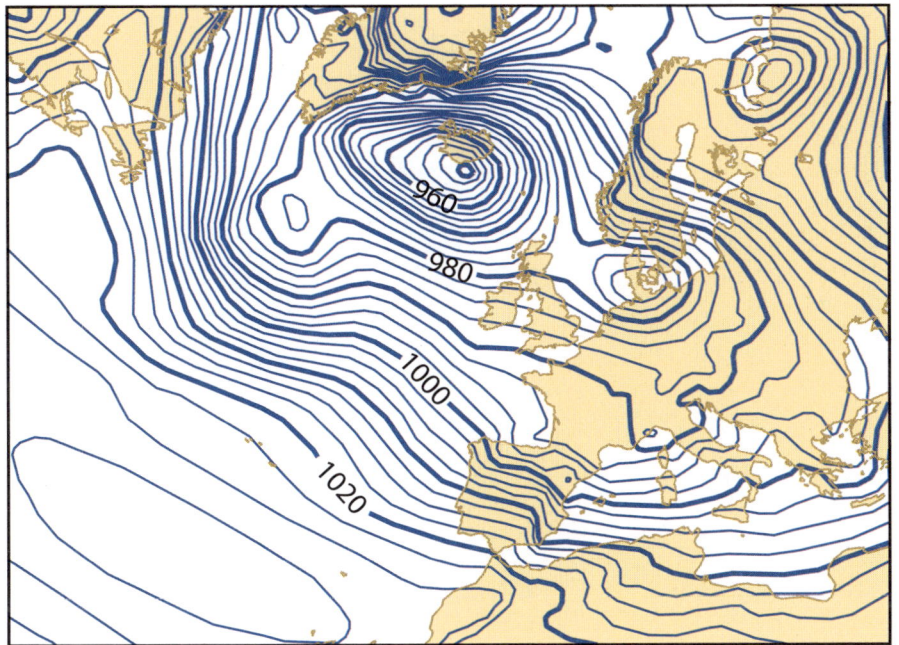

Pronóstico de 48 horas

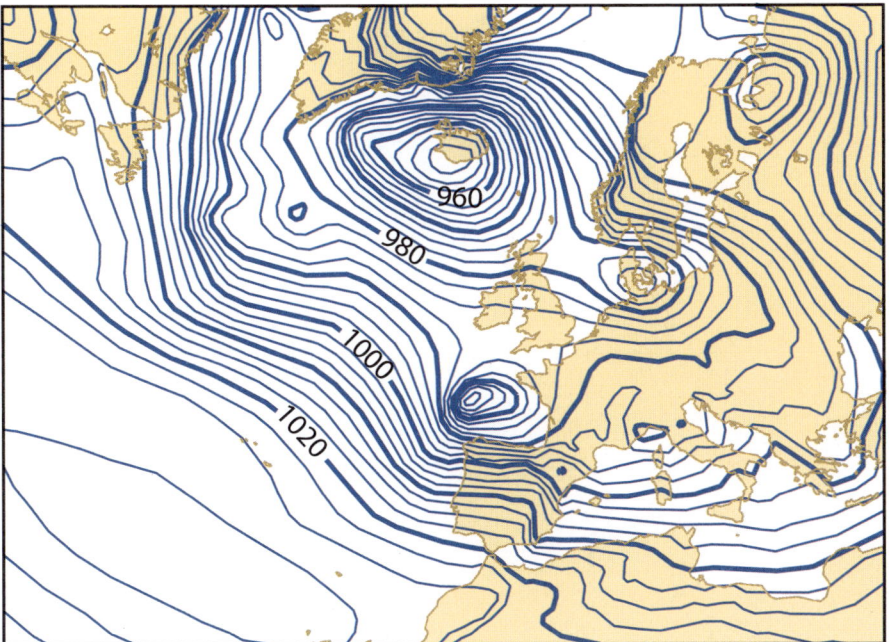

Pronóstico de 48 horas

Predicciones combinadas del CEPMPM
Las predicciones combinadas del Centro Europeo de Previsiones Meteorológicas a Plazo Medio utilizan 50 condiciones de partida ligeramente diferentes. Aquí se muestran dos de la presión atmosférica que muestran cómo partiendo de condiciones casi idénticas se obtienen resultados muy diferentes en la previsión a 48 horas.

4
Atractores extraños y distancias inconmensurables

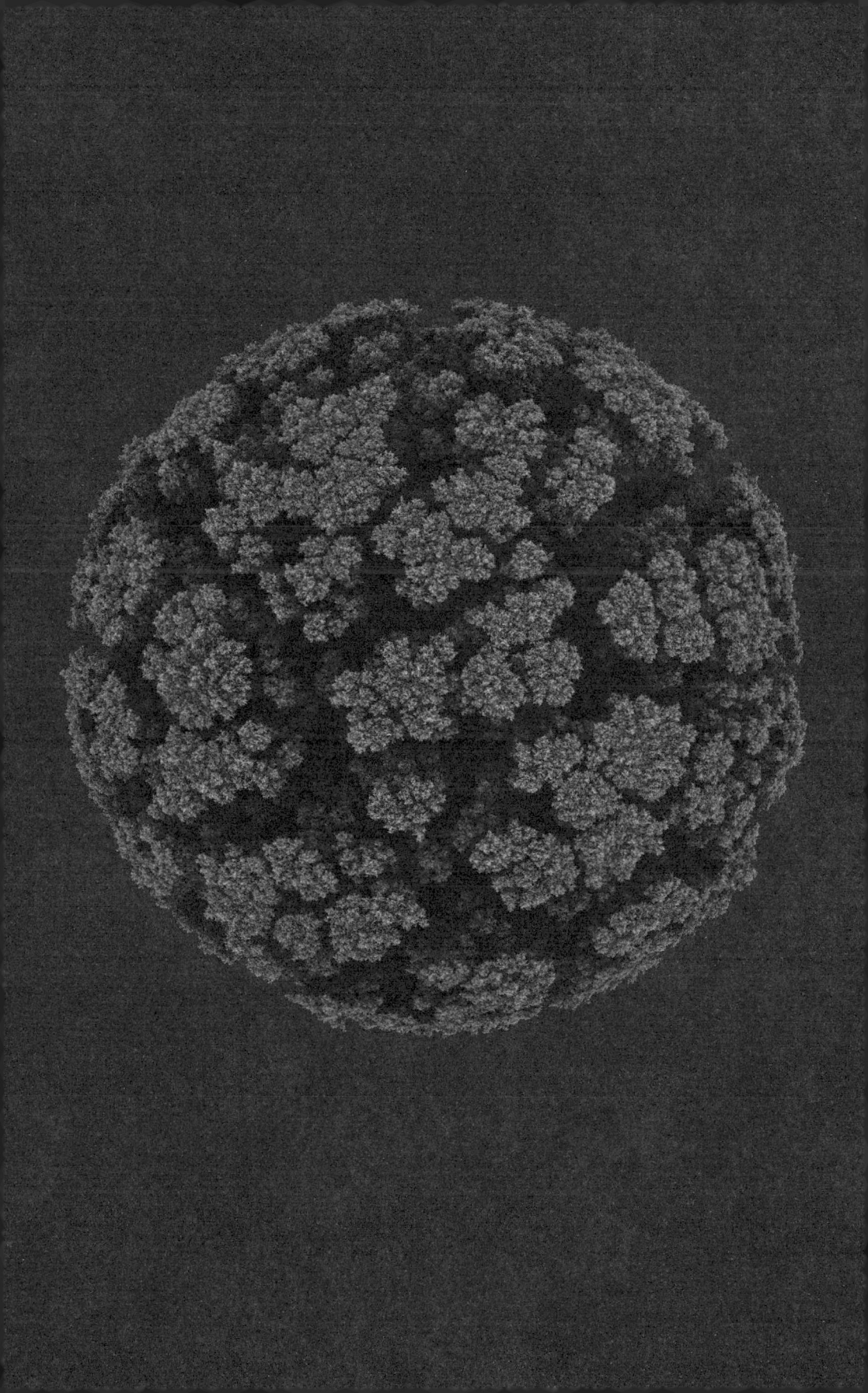

Islas y atracciones

«El arte tiene algo que ver con la
consecución de la calma en medio del caos».
Saul Bellow, 1915–2005

La calma en el caos

Dada la rapidez con la que parece descontrolarse un sistema caótico, sería fácil pensar que una vez que se pone en marcha, su comportamiento salvaje continuará indefinidamente. Sin embargo, los verdaderos sistemas caóticos son capaces de producir un orden dentro de la anarquía aparente. Quizá el suceso mas obvio de este hecho se presenta de nuevo en el tiempo en el que, por ejemplo, a un fuerte viento puede seguir una calma súbita.

Un sistema caótico simple en el que sucede esto se conoce como «bifurcación que reduce el período a la mitad». Tiene lugar cuando el sistema tiene una serie de oportunidades para seguir uno o dos caminos, pero el tiempo para cada elección se reduce de tal modo que lo que era inicialmente un sistema caótico se estabiliza, convirtiéndose al final en una progresión tranquila y estable. Aunque puede crear confusión, esto se conoce a menudo como «sistema de duplicación de período», ya que se duplica el número de sucesos antes de que el sistema se repita, aunque el tiempo entre duplicaciones se reduzca en cada ocasión. Aunque el sistema es caótico, a medida que se va reduciendo el tiempo entre sucesos hasta llegar a ser sumamente pequeño, el resultado es, en efecto, continuo y encontramos un estado que es totalmente imposible de distinguir de un progreso suave y constante.

→
Los glóbulos rojos
Vistas con un microscopio electrónico de barrido, estas células duran solo unos meses, y son reemplazadas de manera constante en un proceso de duplicación de período.

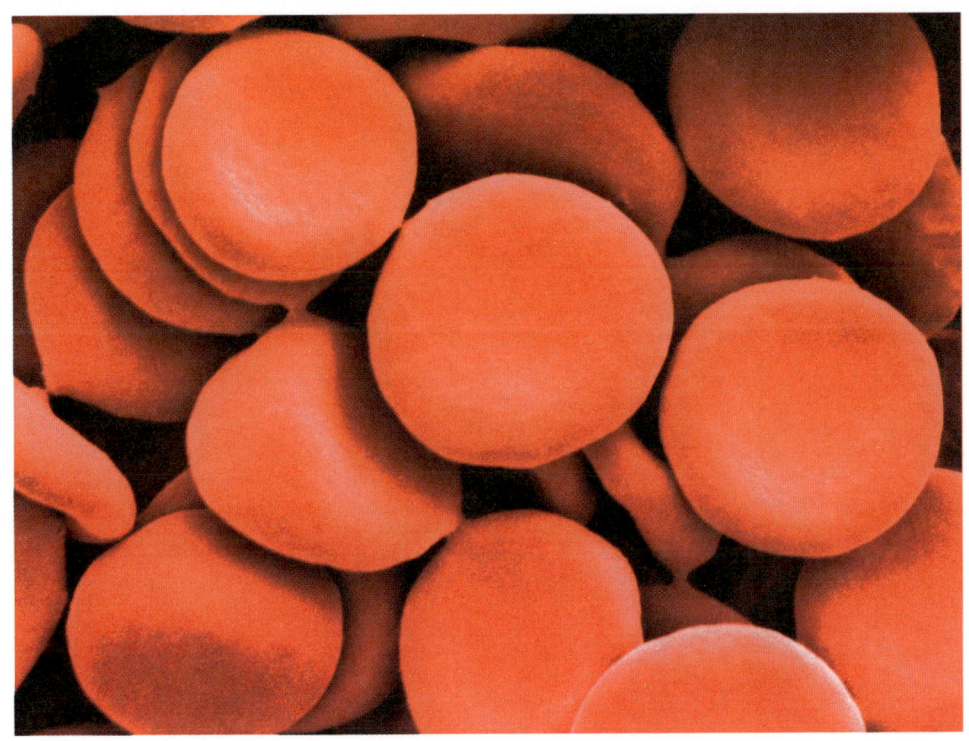

Un ejemplo bien conocido de un sistema de este tipo es el goteo de un grifo. Si la salida de líquido es muy pequeña, el goteo, por lo general, es regular. Si se abre un poquito más el grifo, se empiezan a producir dos tipos de goteo, gota 1, gota 2, gota 1, gota 2... Un poco más de líquido y cada uno de esos goteos se divide en dos, con lo que tenemos gota 1, gota 2, gota 3, gota 4, gota 1... y así sucesivamente, hasta que el goteo es tan frecuente que se convierte en un flujo continuo. Todos los sistemas están sujetos a este tipo de comportamiento, como, por ejemplo, la producción de las células sanguíneas, las interacciones depredador-presa en

CAPÍTULO 4

el mundo natural o la interacción de los osciladores electrónicos en la física. Estos sistemas se pueden representar mediante ecuaciones diferentes, pero relativamente sencillas.

Lo más notable, que fue descubierto por el físico estadounidense Mitchell Feigenbaum, es que no importa cuál sea la ecuación que define el sistema; los sistemas de duplicación de período tienen una constante que parece inherente a todos ellos. Cada vez que se divide el número de modos posibles, el factor que es causa de la división (temperatura, presión del agua u otra variable) debe sufrir un pequeño cambio respecto al anterior. Este es siempre 1/4.669 veces el valor de este. En la naturaleza hay una serie de constantes universales como pi, y este «número de Feigenbaum» de aproximadamente 0,2142 parece ser otra de ellas.

El caos en la calma

Un efecto parecido, pero aparentemente inverso, puede tener lugar cuando algunos sistemas no caóticos son sometidos a presión. Son sistemas de los que cabía esperar un comportamiento calmado, pero que un cambio súbito importante de su entorno los puede llevar al caos. Lo que primero recibió el nombre de «caos» no fue el descubrimiento de Lorenz sobre el tiempo (al que le dio el nombre menos atractivo de «flujo determinístico no periódico»), sino un estudio posterior del biólogo australiano Robert May sobre la dinámica de las poblaciones (*véase* capítulo 6).

May hizo el sorprendente descubrimiento de que el crecimiento de las poblaciones por encima de un determinado ritmo mostraba incrementos o decrementos caóticos, por lo que empezó a buscar en el mundo natural otros casos en los que podía impactar el caos. Encontró algo extraordinario en el ámbito de la propagación de las enfermedades. Se había observado que estas mostraban cambios descontrolados en el número de personas infectadas: era una oportunidad para aplicar sus nuevos conocimientos de las matemáticas del caos.

May constató que, del mismo modo que una población que crece muy deprisa puede entrar en una dinámica caótica, puede suceder lo mismo con la propagación de una enfermedad cuando se produce un cambio súbito importante. Aunque cabría esperar que, después de una gran campaña de vacunación, el número de enfermos bajara rápidamente hasta estabilizarse en un nivel bajo, las matemáticas demuestran claramente que los niveles de incidencia pueden pasar primero por una fase caótica, hasta alcanzar esos bajos niveles.

←
Grifo que gotea
En lugar de caer regularmente, el goteo duplica el período.

Esto quiere decir que, contrariamente a lo que nos dice la intuición, el número de infectados podría sufrir un aumento súbito después del inicio de una campaña de vacunación. Si no se tuviera el conocimiento proporcionado por la teoría del caos, se podría llegar a la conclusión de que la vacuna no es efectiva, o lo que es peor, de que puede infectar a algunos de los vacunados. Las matemáticas de la teoría del caos no proporcionan resultados sobre lo que va a ocurrir en el día a día, pero sí nos dicen que un comportamiento aparentemente anómalo es comprensible, lo que puede evitar que se interrumpa demasiado deprisa un exitoso programa de vacunación antes de que se noten realmente sus resultados.

Una rara atracción

Aunque parece que el caos implica una carencia total de organización, los sistemas caóticos suelen mostrar una estructura interna, o actuar de un modo tal que, después de una fase inicial de comportamiento brutalmente caótico, una amplia gama de puntos de partida se dirige finalmente a un resultado igual o parecido; este fenómeno fue denominado «atractor».

Un ejemplo físico de un atractor es una mesa plana con una depresión. Si se hacen rodar lentamente unas bolitas por ella, llegan a detenerse en cualquier punto de la mesa frenadas por el rozamiento. Sin embargo, si algunas de las bolitas alcanzan el borde de la depresión, viniendo de cualquier dirección, se deslizarán y se agruparán en el fondo de aquella. La depresión actúa como un atractor. En ella, la fuerza de atracción es la gravedad, aunque se podrían haber empleado otros métodos, como, por ejemplo, un imán y bolitas metálicas; si se trata de un sistema con componentes interactivos puede ser simplemente la dinámica del sistema la que genera la formación del atractor.

Fractal
Una forma derivada matemáticamente en la que las partes pequeñas son visualmente similares al todo más grande. Se suele presentar en la naturaleza, por ejemplo, en plantas, nubes y líneas costeras.

Un tipo de atractor que emerge de la teoría del caos es el misteriosamente denominado atractor extraño. Se trata de un atractor que tiene algunas partes semejantes a otras; tiene forma de fractal (del que hablaremos más adelante). El término «atractor extraño» fue utilizado por primera vez en un artículo sobre las turbulencias del físico belga David Ruelle y el matemático neerlandés Floris Takens.

El extraño mundo del espacio fásico

«Las matemáticas relacionan nuevas imágenes mentales con [...] abstracciones físicas; estas imágenes son casi tangibles para la mente entrenada, pero están muy alejadas de las que nos dan directamente la vida y la experiencia física. Por ejemplo, un matemático representa el movimiento de los planetas del Sistema Solar mediante una línea de flujo de un fluido incompresible en un espacio fásico de 54 dimensiones».
Yuri Manin, 1937–

El espacio fásico

Para entender el modo en que se suelen representar los atractores (y muchos de los diagramas utilizados para representar el caos), necesitamos adentrarnos en algo conocido como espacio fásico. Los matemáticos y los físicos suelen representar algo que sucede en el mundo real de una forma matemática imaginaria en la que, por ejemplo, se dispone de una dimensión para cada una de las cosas que pueden cambiar en el mundo real. Estas dimensiones no tienen nada que ver con el espacio tal y como lo entendemos, sino con los valores que pueden tomar las propiedades de los objetos estudiados.

Podemos utilizar como ejemplo a un viejo conocido: el péndulo. En el mundo real, su movimiento es oscilante, de un lado a otro. Sin embargo, hay diversos modos de representar este movimiento en forma matemática. La más conocida, utilizada a menudo en la física, es asignar una dimensión que representa la posición de la pesa en el espacio y otra representativa de la posición en el tiempo. Hablando de una manera estricta, una representación de este tipo debería tener cuatro dimensiones, tres para el espacio y una para el tiempo, y esto no es ningún problema para los matemáticos, que pueden trabajar con tantas dimensiones como quieran. Sin embargo, para simplificar, normalmente se puede prescindir de dos dimensiones espaciales y registrar solo la posición a la derecha o a la izquierda con el paso del tiempo.

El resultado es una onda sinusoidal, forma bien conocida que oscila de un lado a otro a medida que avanza el tiempo. Sin embargo, esta no es la única manera de proyectar lo que sucede en el espacio matemático. El término «espacio fásico» abarca todas las formas de representación de lo que sucede en un sistema mediante la asignación de diversas propiedades a las dimensiones en el espacio. A menudo, se utiliza un espacio fásico bidimensional para representar los valores de posición y cantidad de movimiento (masa por velocidad), dos magnitudes fundamentales en la física de los sistemas de movimiento. En este caso, cada punto en un diagrama de espacio fásico representa los valores de posición y cantidad de movimiento de un sistema en el tiempo. En otro ejemplo, un diagrama fásico del péndulo podría registrar la cantidad de movimiento de la pesa y su posición en el espacio. Todas estas propiedades adquieren valores que, paulatinamente, pasan de positivo a negativo y viceversa con el cambio de posición y dirección del péndulo. (La masa no varía, por lo que, al ser la cantidad de movimiento directamente proporcional a la velocidad, aquella variaría de forma alterna, por ejemplo, positiva de derecha a izquierda y negativa de izquierda a derecha). El resultado es un diagrama elíptico del espacio fásico, que se suele hacer circular escogiendo las unidades adecuadas.

Desde luego, los péndulos reales, si no reciben un empuje continuo, no pueden oscilar eternamente. En consecuencia, un diagrama de espacio fásico más preciso de un péndulo real tendría una forma espiral hacia el centro del diagrama. Este punto del centro es un atractor. No importa el modo en que se perturbe el movimiento del péndulo con impulsos parciales durante el proceso. Al final irá perdiendo energía por la acción de la gravedad hasta llegar a ese punto del espacio fásico.

En la práctica, muchos diagramas de espacio fásico necesitan de más de dos dimensiones al ser necesarios más parámetros para representar lo que sucede. Hasta tres dimensiones, es posible lograr una representación visual, pero con más hay un problema. Un modo de añadir una dimensión más es utilizar el color, asignando a cada punto un color por su posición en el espectro. Se pueden obtener diagramas de una belleza impresionante.

El péndulo en el espacio fásico
El péndulo se mueve de un lado
a otro. La serie de tiempo marca
la posición o la velocidad en
función de aquel, en tanto
que el diagrama de espacio
fásico muestra la cantidad de
movimiento en función de la
posición.

Sistema

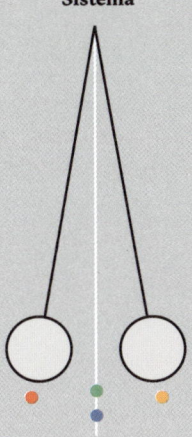

Series de tiempo

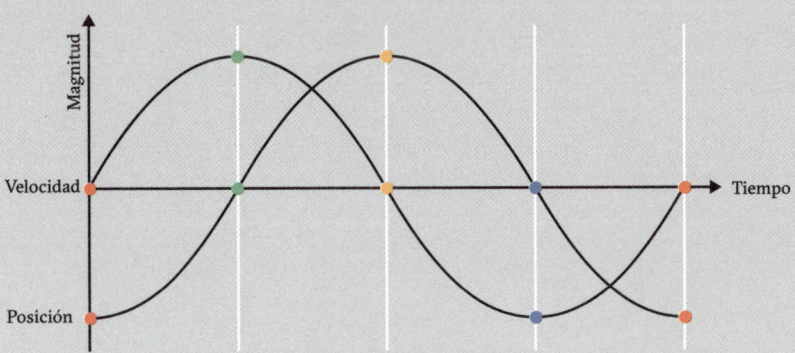

Diagrama de espacio fásico

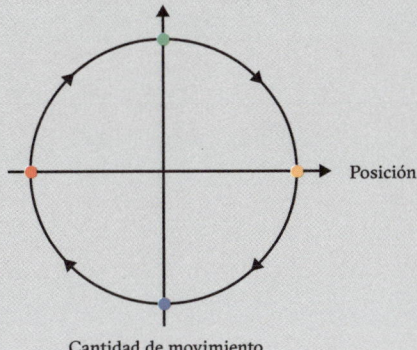

Diagrama de espacio fásico del péndulo real
Un péndulo real va perdiendo cantidad de movimiento progresivamente, lo que genera un diagrama de espacio fásico con un atractor en el centro.

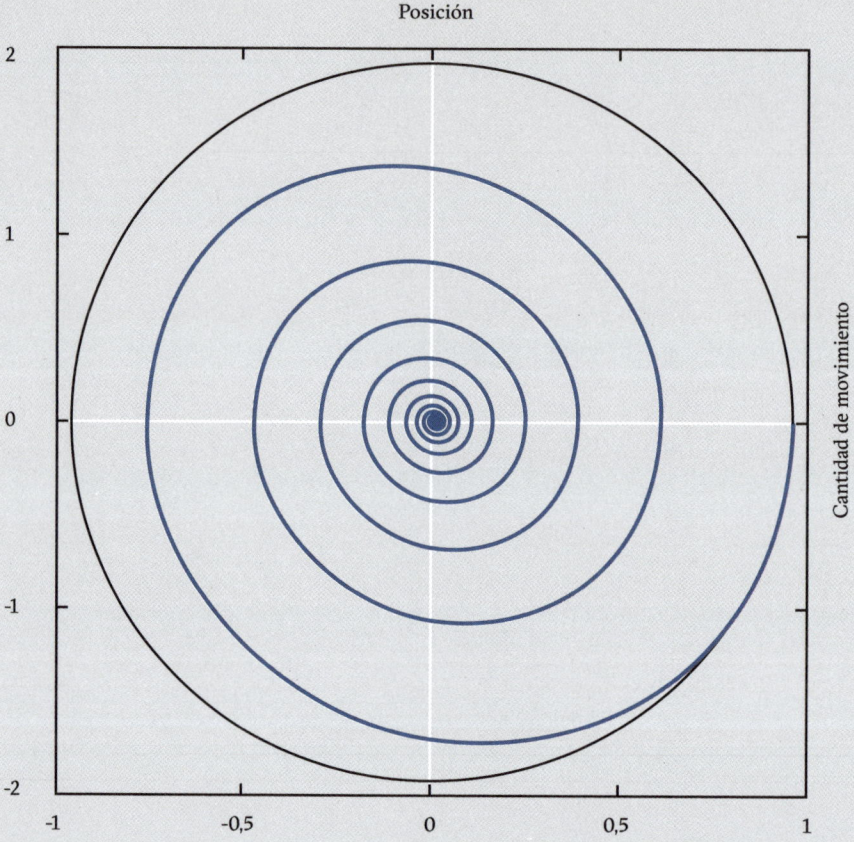

De nuevo, en la práctica, en la mayoría de los diagramas de espacio fásico de sistemas caóticos, las tres dimensiones no se representan en una visión tridimensional, sino de forma plana, de un modo parecido al que se representa la superficie esférica de la Tierra proyectada en la superficie plana de un mapa. Aunque tendemos a utilizar esta proyección para los mapas, hay muchas otras posibilidades, y de un modo semejante, los diagramas de espacio fásico utilizados en el caos suelen ser secciones específicas de la estructura tridimensional que representa una de las muchas proyecciones posibles.

Más mariposas en el atractor

Cuando un sistema tiene uno o más atractores extraños, se mueve hacia ellos, pero no parece hacerlo de manera sistemática, como es el caso del péndulo en desaceleración. En cambio, la existencia del atractor extraño en el espacio fásico implica un camino enrevesado que nunca cruza dos veces el mismo punto. Si volviera a pasar por un punto, se asentaría en un movimiento regular. En cambio, hay una variación infinitamente fina en el espacio fásico. Al igual que el copo de nieve de Koch (*véase a continuación*) que llevó a la idea de los fractales, el diagrama de espacio fásico es infinitamente largo, pero ocupa un área finita.

Es posible que el atractor extraño más conocido sea el de Lorenz, que surgió del modelo que desarrolló para el efecto atmosférico de la convección (fenómeno en el que el aire calentado se eleva y fluye lejos de la fuente de calor, arrastrando consigo energía térmica). Allí donde el flujo es poco turbulento, tiende a formarse un atractor. Si es más turbulento (con un incremento en un factor de fluido conocido como número de Rayleigh), tienden a aparecer dos atractores. Con una proyección adecuada, estos producen una proyección del espacio fásico que, de algún modo, se asemeja a una mariposa, lo que es agradable para los que recuerdan el efecto mariposa de Lorenz.

Otro resultado de algunos sistemas dinámicos pueden ser puntos extraños de repulsión en lugar de atractores extraños que, en ocasiones, producen espectaculares formas fractales conocidas como conjuntos de Julia, así bautizados en honor al matemático francés Gaston Julia.

Sin embargo, el nombre más conocido en este ámbito no estuvo implicado en estudios del tiempo, sino del comportamiento del precio de mercado del algodón.

El atractor de Lorenz
Muchas de las proyecciones del espacio fásico de este arquetípico atractor caótico, descubierto por Edward Lorenz, que, apropiadamente, se parece a una mariposa.

Autosimilitud

«Las curvas geográficas implican tanto detalle que, a menudo, sus longitudes son infinitas, o, mejor dicho, indefinibles. Sin embargo, muchas son estadísticamente "autosimilares", lo que significa que cada porción puede considerarse una imagen a escala reducida del todo».
Benoît Mandelbrot, 1924–2010

Distribuciones de los precios del algodón

En la década de 1960, Benoît Mandelbrot, matemático francoestadounidense nacido en Polonia, estudió el comportamiento de los mercados financieros, y, en particular, el del precio del algodón. La concepción de la economía en aquella época, que parecía basada en el sentido común, era que estaba sometida al impacto a largo plazo de algunos factores externos como, por ejemplo, la situación económica, la tecnología, las crisis financieras, las guerras y las tendencias de la moda, y, a corto plazo, de la distribución aleatoria, al alza o a la baja, de los precios, de los que se esperaba que siguieran la distribución en forma de campana de la que tratamos anteriormente. Sin embargo, en los mercados sucedía algo diferente.

Este hecho ya lo había percibido el economista neerlandés-estadounidense Hendrik Houthakker. Mandelbrot lo escogió como tema cuando Houthakker lo invitó a dar una conferencia. Dado que el del algodón era un mercado antiguo, pudo acceder a la gran cantidad de datos acumulados a lo largo de más de cien años. Con los sistemas caóticos, la transparencia puede ser un problema a corto plazo, debido precisamente a los movimientos repentinos e inesperados que caracterizan a dicho sistema. Tener una pequeña cantidad de datos puede dar una imagen muy engañosa. Al carecer de la mentalidad de los economistas, Mandelbrot pudo ignorar su concepto de tendencias a largo plazo debidas a causas externas a las que se superponía un ruido aleatorio.

Mandelbrot constató que la distribución de los precios del algodón se parecía más a la denominada distribución de Levy que a la distribución normal. La distribución de Levy se presenta a menudo, por ejemplo, en las frecuencias de la luz emitida por los cuerpos calientes; tiene un pico muy acusado, descentrado, que refleja el hecho de que un pequeño número de saltos de gran magnitud tiene un impacto extraordinario en el resultado. Los economistas habían ignorado las fluctuaciones aleatorias considerándolas como un ruido del sistema, dando por sentado que no tenían nada que ver con el sistema en sí. Por su parte, Mandelbrot constató que el «ruido», y especialmente los picos súbitos, reflejaba el comportamiento fundamental del sistema.

Lo más importante fue que, al disponer de una gran cantidad de datos, Mandelbrot pudo observar un aspecto particularmente extraño de los *cambios* de precio, frente a los precios propiamente dichos, algo que era típico del caos. A la vista del perfil general de un gráfico de los cambios, se dio cuenta de que su aspecto visual era prácticamente idéntico, tanto si analizaba un período relativamente corto o el de muchos años. El gráfico de los cambios de precio era «autosimilar». Al superponer los gráficos de, por ejemplo, los cambios mensuales con el de los diarios, se constataba que eran prácticamente coincidentes. Los factores externos que les habían parecido determinantes a los economistas no ejercían ninguna influencia.

En el fondo del desorden en el modo en que subían y bajaban los precios había una estructura oculta. Esto refleja la naturaleza caótica de los factores que controlan los mercados financieros. Como descubriremos a menudo, esto no quiere decir que Mandelbrot hubiera encontrado la bola de cristal para predecir el comportamiento del mercado de valores. El patrón que había descubierto no podía hacer que cualquiera pudiera ganar una fortuna mediante compras y ventas tempranas, pero mostró que el sistema funcionaba de un modo diferente al que habían supuesto los economistas.

Ruido
Estamos acostumbrados a utilizar este término para describir los sonidos no deseados o desagradables, pero los matemáticos, los economistas y los ingenieros llaman ruido a los cambios de fondo impredecibles en una serie de valores.

Las distribuciones normal y de Levy

La distribución normal (inferior), que es la más conocida, es simétrica, con un pico central, mientras que la distribución de Levy tiene un gran pico descentrado en la que un pequeño número de sucesos a gran escala influyen en el resultado. Tanto la c de la distribución de Levy como la α de la distribución normal describen la dispersión de los valores registrados.

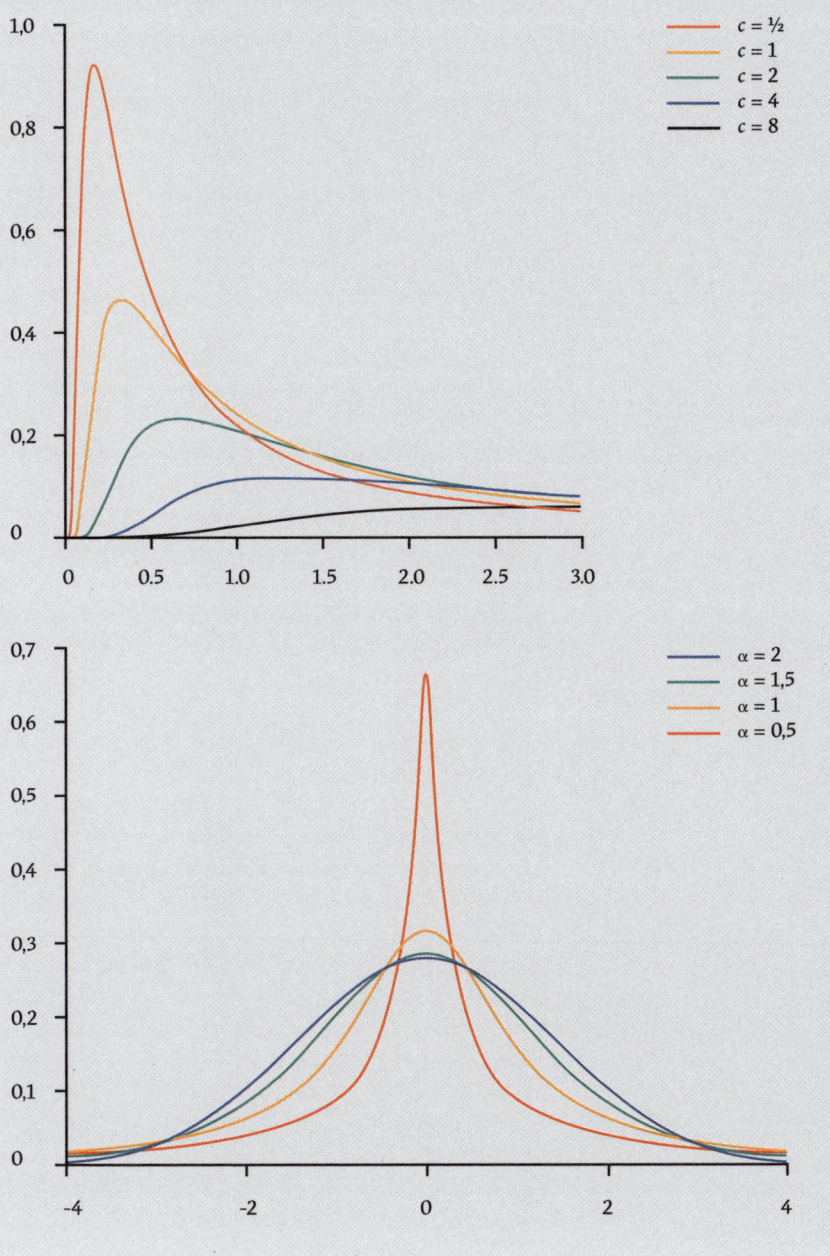

Prediciblemente impredecible

Mandelbrot no era economista; de hecho, sería difícil encasillarlo en alguna disciplina. Sin embargo, pasó la mayor parte de su vida laboral en la sede del centro de investigaciones de IBM, el Thomas J. Watson Research Center, en Yorktown Heights, Nueva York. Como muchas otras grandes organizaciones como Xerox y 3M, IBM aceptaba que sus investigadores dedicaran parte de su tiempo a estudiar lo que les llamara la atención, ya que eran conscientes de que esas investigaciones libres de trabas conducían con frecuencia a los descubrimientos de mayor alcance.

En consecuencia, el trabajo de Mandelbrot se desarrolló libremente, y solo en contadas ocasiones tuvo algo que ver con el negocio principal de IBM en la computación y las comunicaciones. Una vez que hubo determinado el extraño comportamiento autosimilar de los precios del algodón, empezó a encontrarlo regularmente en los sistemas, y en un caso proporcionó un beneficio muy positivo para su empleador.

En la década de 1960 empezó a ser más frecuente el uso de las líneas telefónicas no solo para la transmisión de voz sino también para la de datos. Cuando se habla con alguien por teléfono, no tiene demasiada importancia si hay algunas fluctuaciones aleatorias en la señal que producen un ruido de fondo, pero se hacen más que molestas cuando se trata de trasmitir datos. Los ingenieros de IBM buscaban la manera de minimizar el impacto de esos ruidos en sus líneas de comunicación.

El problema residía en que los ingenieros no podían encontrar ningún patrón en los datos al que pudieran acceder para tratar de eliminar los ruidos. Por su parte, Mandelbrot enfocó los datos desde otro punto de vista. Los separó en bloques de tiempo, algunos de los cuales contenían ruido y otros no. Al analizar los que sí contenían ruido, vio que también los podía agrupar en bloques que sí lo contenían y otros que no. El proceso se podía repetir al profundizar más en los datos. Era autosimilar en el sentido de que independientemente del nivel analizado siempre había bloques con ruido y otros sin él. Nunca era posible encontrar en los datos partes puramente ruidosas.

En consecuencia, Mandelbrot pudo aconsejar a los ingenieros que adoptaran nuevas estrategias. Su reacción natural, cuando aparecía un ruido, era buscar su causa, qué había cambiado en el sistema o en su entorno para distorsionar la señal, pero ahora quedaba claro que se trataba de una estructura caótica que no necesitaba una causa para que apareciera el ruido. También estaba claro que aumentar la potencia de la señal no evitaba el ruido, sino que generaba aún más. Por ello, Mandelbrot pudo sugerir a los ingenieros que buscaran alternativas para vivir con el ruido.

Este descubrimiento marcó el enfoque de IBM en la visualización de datos. Sin embargo, no fue el trabajo que dio fama a Mandelbrot. Esta se inició en un entorno caótico muy conocido: las retorcidas idas y vueltas de una línea costera.

El misterio de la línea costera

En 1967, Mandelbrot publicó un artículo que inició el estudio de la autosimilitud, el principio que llevó a lo que se conocería como fractales. Su ejemplo específico fue la costa de Gran Bretaña. Cualquier atlas o enciclopedia indica las distancias entre puntos de la costa, pero ¿qué significan realmente? Mandelbrot imaginó un recorrido que seguía toda la costa, en el que medía el avance con una regla de una yarda para determinar la longitud definitiva.

Digamos que la distancia medida fue de 4800 km. Hagamos de nuevo el recorrido, pero midamos con una regla de una pulgada para conseguir un mejor detalle de las idas y vueltas que el obtenido con la regla de una yarda. Esta vez, la distancia medida será de 6400 km. A continuación, hagamos de nuevo el recorrido poniendo una cuerda que rodee las rocas y playas, con lo que lograremos tener en cuenta más grietas y salientes. La distancia será mucho mayor. Según el método empleado para medir, se puede asignar a la costa de Gran Bretaña una longitud de entre 2800 km y 18 500 km.

Es posible imaginar llevar este procedimiento a extremos cada vez más estrictos, midiendo toda hendidura causada por los átomos en la superficie de las rocas a lo largo de la costa. ¿Qué mide la distancia «real»? No hay una respuesta concreta: puede ser cualquiera y todas. Se trata de la paradoja que Mandelbrot hizo explícita matemáticamente. No existe una distancia concreta definible en la costa (o en otras estructuras sinuosas como, por ejemplo, la frontera entre dos países vecinos, o el curso de un río). Sin embargo, es posible definir un mecanismo que explique lo que sucede, y para hacerlo Mandelbrot se sumergió en el alucinante concepto de las dimensiones fractales.

Autosimilitud
Una forma fractal, como una línea costera, es autosimilar por el hecho de que una pequeña sección de ella, ampliada, es parecida visualmente en sus idas y vueltas a la original.

Medición de la costa de Gran Bretaña

Aquí se muestra cómo, al reducir la longitud de la vara de medir, se obtiene un valor mayor de la longitud de la costa. *N* es el número de mediciones efectuadas del perímetro y *r* es el divisor de la longitud de la vara (así, $r=2$ es la mitad de $r=1$).

$N=9$	$N=19$	$N=48$	$N=97$
$r=1$	$r=2$	$r=4$	$r=8$

Concepto de fractal

«Concebí y desarrollé una nueva geometría de la naturaleza e implementé su uso en un variado número de campos. Describe muchos de los patrones irregulares y fragmentados que nos rodean, y lleva a teorías plenamente desarrolladas que identifican una familia de formas que denomino fractales».
Benoît Mandelbrot, 1924–2010

Conteo de las dimensiones

Estamos acostumbrados a que la cantidad de dimensiones se exprese con un número entero. Nuestro entorno del mundo real tiene tres dimensiones. Una imagen en una hoja de papel tiene dos y una línea recta aislada tiene una. También sabemos que a los matemáticos les encanta trabajar con más dimensiones en espacios imaginarios. Pero, ¿qué sería tener, por ejemplo, 1½ dimensiones? El concepto de un nuevo tipo de dimensionalidad en la que esto pudiera ocurrir se le ocurrió al matemático inglés Lewis Fry Richardson a principios del siglo xx. Richardson, un pionero en el empleo de las matemáticas en el pronóstico del tiempo, había trabajado con temas totalmente diferentes: intentaba entender el efecto de las fronteras en los países como motivo de la declaración de guerras.

Richarson se percató de que España había determinado que la frontera entre este país y Portugal tenía 987 km de longitud, mientras que Portugal afirmaba que eran 1214 km. Mientras ponderaba si este desacuerdo podía haber sido la causa del conflicto entre ambos países, descubrió que entre las varas de medir y la distancia medida existía una relación controlada por un factor que él denominó dimensión de la frontera, un número que, en aquel caso, variaba entre 1 y 2. Parecía que había una naturaleza intermedia de la dimensionalidad: algo entre la línea recta unidimensional y una forma bidimensional.

A primera vista, el concepto de una dimensión no entera resulta sorprendente, pero un medio útil para considerar una dimensión fraccionaria es considerar las dimensiones tradicionales no como direcciones en el espacio sino como el número mínimo de modos en que se puede dividir algo en versiones en miniatura de sí mismo. Una recta se puede dividir en dos rectas de la misma longitud; un cuadrado en cuatro cuadrados idénticos, y un cubo en ocho cubos también idénticos. (Desde luego, en los tres casos, se pueden dividir las formas en más componentes iguales más pequeños, pero estas son las menos divisiones posibles). El número total de divisiones es $2n$, si n es el número de dimensiones. Cuando vamos al mundo de las formas con dimensiones fraccionarias, la dimensión fraccionaria refleja el número mínimo de pequeñas copias que pueden encajar para reproducir el objeto original.

El concepto que preocupó a Richardson fue desarrollado por Mandelbrot para definir una razón específica que mostrara cómo cambia el detalle en un patrón (o no lo hace) sobre la escala en que se ha medido, es decir, la vara de medir utilizada. Para las formas sencillas, la que Mandelbrot llamó al principio dimensión fraccionaria, y al final dimensión fractal, es exactamente la misma que las dimensiones usuales, pero para las formas que muestran autosimilitud, como las líneas de la costa o las fronteras, va más allá de los números enteros. A medida que el valor fraccionario se acerca a un entero, la forma se acerca más a la que tendría con ese valor entero. Por ejemplo, una curva con un valor ligeramente superior a 1, se parece mucho a una línea recta, mientras que si se acerca a 2, muestra una complejidad mucho mayor.

Esto no es irse por las ramas. Las matemáticas escolares y las simplificaciones de la física imponen a menudo formas rectilíneas para el mundo, pero, en general, las del mundo real no lo son. Esas dimensiones intermedias son las normales en la naturaleza, no constituyen una excepción. Esto inspiró a Mandelbrot para crear un nuevo término que ya hemos encontrado varias veces y que ahora se abre paso para analizarlo con mayor atención: Mandelbrot acuñó el término «fractal» en 1975.

Copos de nieve, alfombras y esponjas

El concepto de un fractal de Mandelbrot era algo en lo que las dimensiones fractales eran más que las habituales «dimensiones topológicas»; una para las líneas rectas, dos para las superficies, etcétera. El término deriva, aparentemente, del latín *fractus* («roto»). Parece que un fractal tiene el tipo de autosimilitud que había percibido Mandelbrot en las líneas costeras y en el ruido de las líneas de transmisión de IBM. Si se observa un fractal y se visualiza cada vez con más detalle, se constata que sigue mostrando rugosidad por grande que sea el aumento. Nunca llega a alisarse.

A pesar de que Mandelbrot acuñó el término y amplió el concepto, no fue el primero en observar algunas de las rarezas que surgen en lo que conocemos como fractales. Uno de los ejemplos más antiguos que podemos estudiar fue presentado en 1904 por el matemático sueco Helge von Koch, del que recibe su nombre: el copo de nieve de Koch.

Para trazarlo, se parte de un sencillo triángulo equilátero, y se construye como sigue: cada lado del triángulo se divide en 3 segmentos iguales y se traza un triángulo equilátero más pequeño sobre el segmento central de cada uno de los lados, mirando hacia fuera. Este proceso se repite una y otra vez. La forma pasa de ser un triángulo equilátero a una estrella de seis puntas, que se va haciendo más compleja hasta parecer un copo de nieve que tiene la característica naturaleza fractal de la autosimilitud: si ampliamos una parte de ella para verla con más detalle, la sección refleja exactamente la imagen a mayor escala. El copo de nieve de Koch tiene una dimensión fractal de aproximadamente 1,26.

Lo que es quizá más notable es el perímetro del copo. Aunque su superficie nunca va más allá del círculo circunscrito al triángulo inicial, el perímetro se hace cada vez más largo. A pesar de que la longitud de las nuevas aristas es cada vez más pequeña, la longitud total tiende a infinito a medida que aumenta el número de iteraciones. Esto se debe a que el perímetro total es igual a la longitud del lado del triángulo inicial multiplicada por cuatro tercios elevado a la potencia del número de iteraciones. Su valor tiende a infinito a medida que aumenta este número. El perímetro es infinito a pesar de que el área del copo sea finita.

Otra forma fractal, igualmente impresionante y también sencilla, es el triángulo de Sierpiński, que recibe su nombre del matemático polaco Wacław Sierpiński, quien lo concibió en 1915. En lugar de añadir lados en una línea, el triángulo se

---

Dimensión topológica
La topología es la rama de las matemáticas que trata las propiedades de los cuerpos que pueden ser estirados o distorsionados hasta un cierto punto, sin romperse ni fundirse.

El copo de nieve de Koch

Las cinco primeras iteraciones del copo de nieve de Koch. Cada una consiste en dividir cada línea en tres segmentos y añadir un triángulo equilátero sobre el segmento central.

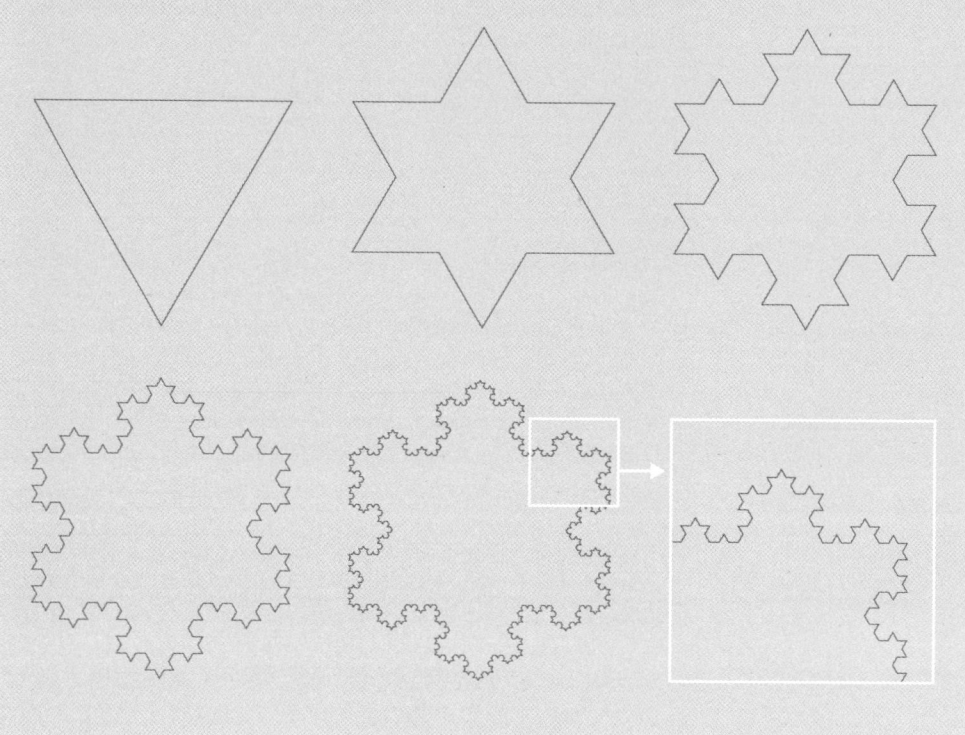

construye eliminando áreas de la forma original. Se parte también de un triángulo equilátero, pero en este caso se recorta hacia dentro. Empezamos eliminando un triángulo equilátero invertido con los vértices en el punto medio de cada uno de los lados del triángulo original. El proceso se repite eliminando triángulos de la misma manera de los triángulos que quedan llenos después del proceso anterior.

La forma resultante recibe también el nombre de junta de Sierpiński, y el término «junta» parece adecuado, ya que un aspecto importante de este fractal es su construcción como serie de agujeros cortados de una lámina. Aparte de ser atractiva, es también autosimilar, con una dimensión fractal de aproximadamente 1,59.

De un modo semejante al copo de nieve de Koch, lo más interesante reside en su límite, ya que, aunque a medida que el

El triángulo de Sierpiński
Después de cada iteración, el triángulo tiene un área menor, que tiende a cero. Todos los triángulos que apuntan hacia arriba son autosimilares con el total.

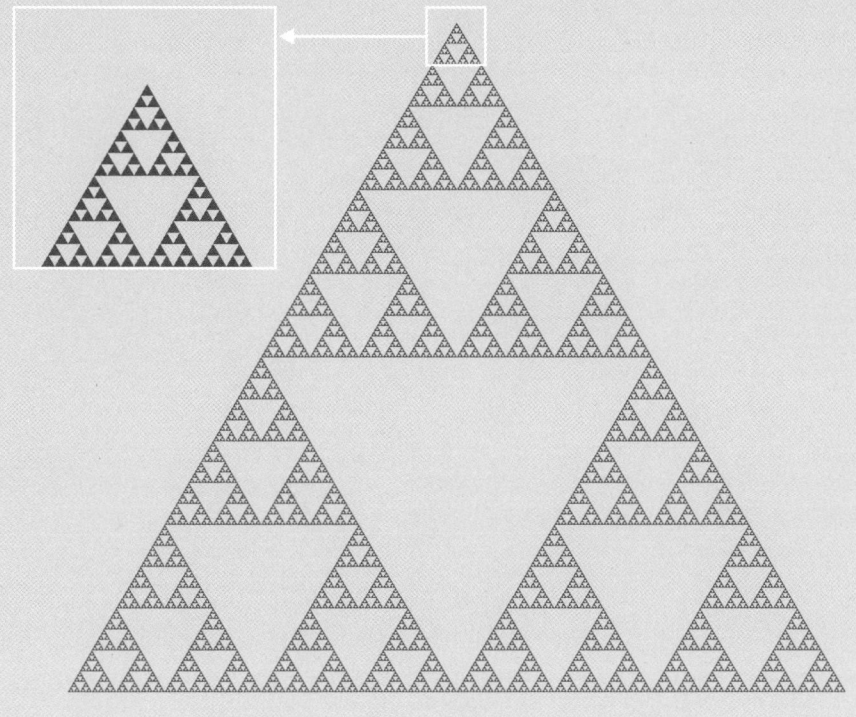

proceso se repite, el «material» no llega a desaparecer, y el límite de su área es cero.

El matemático austriaco nacionalizado estadounidense Karl Menger concibió una variante bidimensional conocida como alfombra de Sierpiński, que se crea dividiendo un cuadrado en nueve y quitando el cuadrado central. El proceso se repite indefinidamente en cada uno de los cuadrados remanentes más pequeños. Menger creó también un equivalente tridimensional que se conoce en la actualidad como esponja de Menger, que, llevada a su extremo, no tiene volumen material, aunque su área es infinita.

Estos y otros fractales simples muestran la evolución caótica típica de la complejidad de pequeñas variaciones, pero ni el copo ni el triángulo son tan arquetípicos de los fractales como el diseño conocido como conjunto de Mandelbrot.

El conjunto de Mandelbrot

Todavía hay discusiones sobre quién fue el primero en descubrir el conjunto de Mandelbrot. Este lo reivindicaba como propio, pero en los trabajos de dos matemáticos estadounidenses, Robert Brooks y Peter Matelski, aparece una versión anterior en 1978, y fue la pareja francoestadounidense Adrien Douady y John Hubbard la que le dio el nombre en honor a Mandelbrot.

Independientemente de quién lo concibió, es el símbolo de los fractales y del caos, que aparece por todas partes, desde obras de arte enmarcadas hasta manteles individuales. Su forma, bella y compleja, que parece combinar raros organismos vivos con curvadas cachemiras, es una estructura que presenta la autosimilitud, pero de un modo mucho más intrincado y exótico que los copos de nieve y las formas de Sierpiński y Menger. Se ha dicho que es el objeto más complejo de las matemáticas, una complicada combinación de curvas y puntas, espirales y medallones que, en su versión visual coloreada se ha convertido en una nueva forma de arte. Esta transferencia de matemática pura a maravilla visual refleja la posición de Mandelbrot en IBM, futuro centro de la computación gráfica.

En los tiempos de los antiguos griegos, las matemáticas se trataban desde un punto de vista gráfico. Sus matemáticas eran muy limitadas desde el punto de vista numérico (a lo que no ayudaba el hecho de que utilizaran letras en lugar de números). En consecuencia, las matemáticas de los antiguos griegos estaban dominadas por la geometría. Con el paso de los años, las matemáticas se hicieron más simbólicas, dejando de lado la representación pictórica. Pero, con las nuevas peculiaridades aportadas por Mandelbrot, la posibilidad de acceder a la tecnología de IBM en la vanguardia del grafismo computarizado le permitieron aportar un nuevo y fascinante enfoque del caos.

La formulación exacta del conjunto de Mandelbrot es algo complicada, a pesar de que las reglas para su construcción son sencillas. Parte de un conjunto de números complejos. Estos números combinan un número «real», como 1,3524, con uno imaginario, que es un número real multiplicado por la raíz cuadrada de −1. Esta no existe en el mundo real, ya que 1 × 1 = 1, y -1 × -1 = 1; no hay nada que multiplicado por sí mismo dé como resultado -1 . Sin embargo, desde hace ya varios siglos, los matemáticos han utilizado este concepto, que se representa como i. Multiplicado por sí mismo, $i \times i$ = -1. Inicialmente, un número imaginario no pasaba de ser una rareza matemática, pero se constató que la combinación de un número real y uno imaginario, como

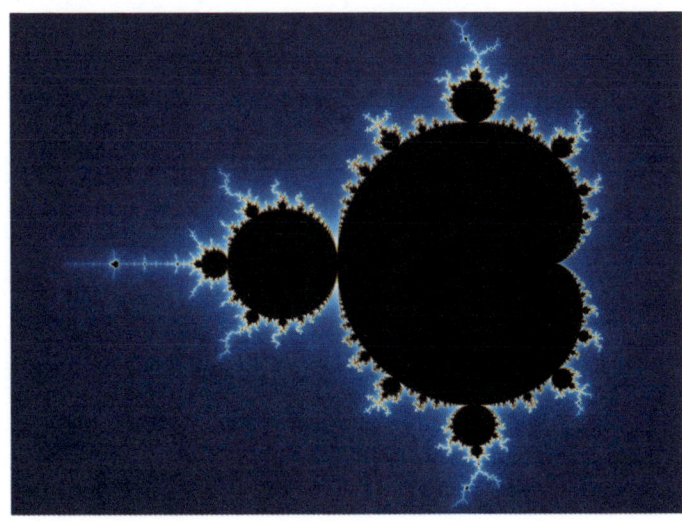

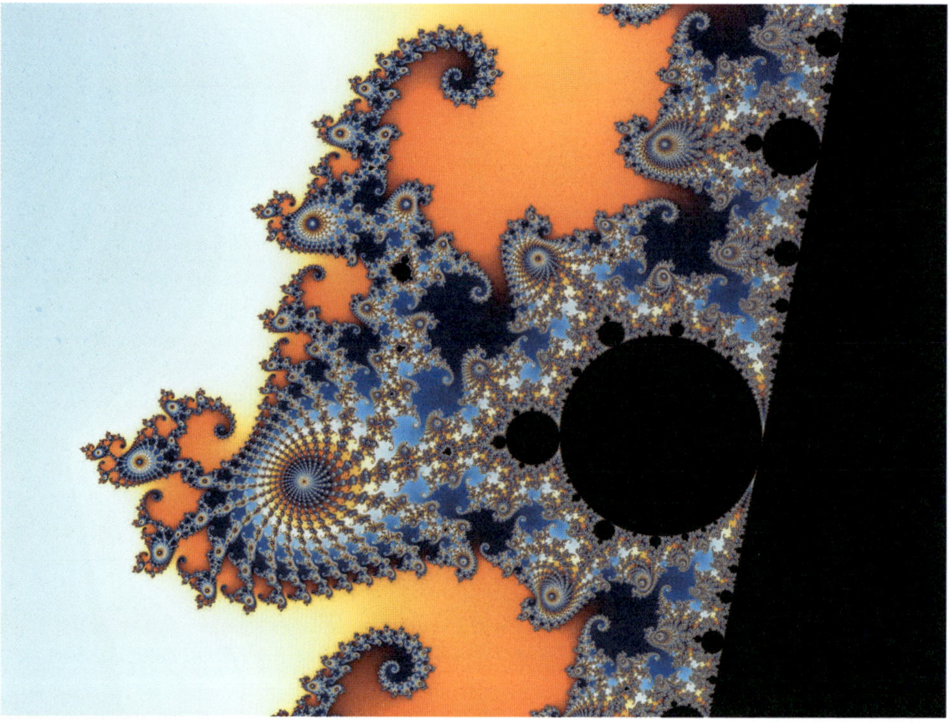

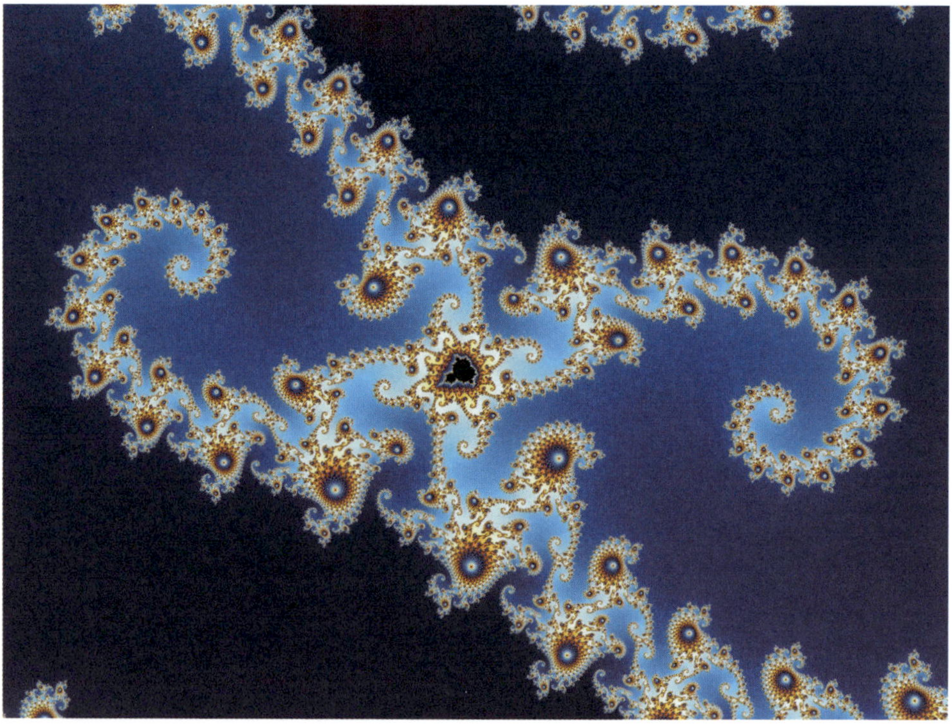

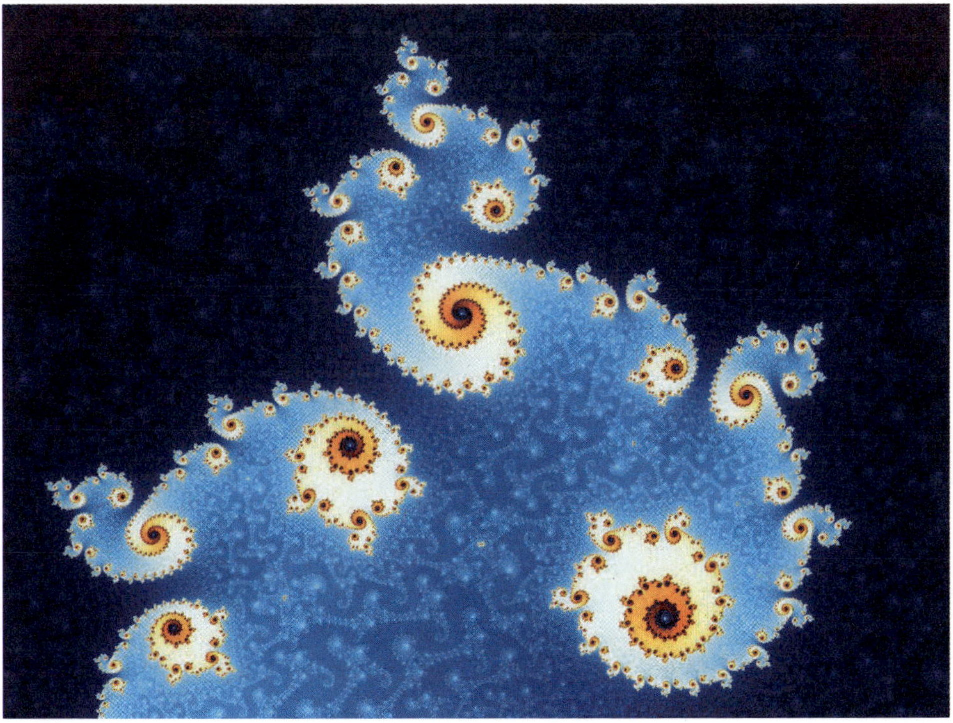

Detalles del conjunto de Mandelbrot
La ampliación de una pequeña sección del conjunto de Mandelbrot muestra una gran diversidad de características.

1,316 + 2,64*i* se podía utilizar para representar un punto en un plano bidimensional. Estos números reciben el nombre de complejos, son ideales para representar formas que evolucionan con el tiempo, como las ondas, y se hicieron imprescindibles tanto para los físicos como para los matemáticos.

El conjunto de Mandelbrot es una serie de números complejos generados por iteración, como el copo de nieve u otras formas fractales, pero a través de un proceso matemático algo más laborioso. Lo que se pretende es identificar los puntos que pertenecen al conjunto, que se marcan en el gráfico para crear las imágenes clásicas de Mandelbrot. Una manera de calcular el conjunto es tomar un punto cualquiera en el plano complejo y crear una sucesión elevándolo al cuadrado, sumándole el valor original, y reiterando esta operación. Si el resultado tiende a infinito, el punto no pertenece al conjunto, pero, si es finito, sí lo es. Así, por ejemplo, 0,4 + 0,1*i* desaparece en el infinito, por lo que no forma parte del conjunto de Mandelbrot, pero 0,3 + 0,1*i* se acerca mucho, y da finalmente un valor finito, por lo que pertenece al conjunto. Los puntos que pertenecen al conjunto dan un bucle de valores, o una serie caótica de saltos arriba y abajo que nunca tiende a infinito.

El conjunto básico genera imágenes en blanco y negro, pero el verdadero y bello conjunto de Mandelbrot produce las imágenes que acaban convirtiéndose en motivos ornamentales multicolores. En términos matemáticos, los colores no tienen un significado demasiado importante; solo hacen que los patrones resulten más atractivos. Hay que recordar que el factor que decide si un punto pertenece o no al conjunto es el resultado de reiterar el cuadrado de un valor, y sumarlo al valor inicial. Los conjuntos multicolores de Mandelbrot reflejan simplemente el número de iteraciones requerido para alcanzar un determinado valor. Es una maravilla el hecho de que la naturaleza autosimilar del conjunto de Mandelbrot se reproduce con el mismo factor que el número de Feigenbaum (*véase* página 119), descubierto para los sistemas de duplicación de período. Por ejemplo, cada una de las formas «mancha» en los diversos niveles del conjunto es, aproximadamente, 1/4,669 veces el tamaño de la anterior.

Aunque en el conjunto de Mandelbrot hay algunas semejanzas con formas naturales, otros estudios sobre fractales muestran que las líneas costeras no constituyen algo muy especial. Muchas formas en la naturaleza tienen características fractales definidas.

Número de Feigenbaum
Como se detalló anteriormente, el número de Feigenbaum es una constante de la naturaleza, de aproximadamente 0,2142, que refleja la reducción del factor que causa la bifurcación de período doble.

El universo fractal

«La geometría fractal le hará ver todo de
un modo diferente. Seguir leyendo tiene un
peligro. Arriesga perder la visión que tenía
en su niñez de las nubes, los bosques, las flores,
las galaxias, las hojas, las plumas, las rocas, las
montañas, los torrentes de agua, la alfombra,
los ladrillos y muchas cosas más. Nunca
volverá a interpretar estas cosas de la misma
manera».
Michael Barnsley, 1946–

Naturaleza fractal

Hay en la naturaleza numerosos fenómenos que, debido a la
manera en que se generan, tienden a mostrar una apariencia
fractal. Es posible que los más conocidos sean algunos tipos de
plantas, especialmente árboles perennifolios y helechos, en las
que existe una autosimilitud entre las ramas y la planta completa.
De un modo más sofisticado, las cordilleras y las nubes tienden
a tener formas fractales en las que, como en las costas, a medida
que ampliamos sus contornos aparecen más y más curvas y
entrantes. Incluso los objetos del mundo real aparentemente
lisos tienden a mostrar esquinas fractales cuando se observan
con una gran ampliación.

Debido a esta apariencia fractal, tanto el *software* de efectos
especiales como los códigos empleados en los juegos hacen un
uso frecuente de fractales para construir imágenes de paisajes
y cielos nubosos. El resultado son paisajes impresionantemente

CAPÍTULO 4

Romanesco
La brasicácea romanesco muestra una impresionante estructura fractal de autosimilitud.

realistas que se pueden generar con solo una pequeña parte del programa.

Quizá, la que más sorprende visualmente de todas las formas fractales naturales sea la del romanesco, de la misma familia que la coliflor y el bróquil. Esta notable brasicácea es tan espectacular en su estructura autosimilar que se parece más a algo generado por una computadora que a un producto natural. Aunque no se citaba explícitamente al romanesco, es posible que alguna de estas formas naturales inspirase una de las pocas aplicaciones prácticas de los fractales, además de crear paisajes computarizados y diseños artísticos: la compresión de imágenes

Compresión fractal

Hoy ya casi no lo recordamos, pero en la década de 1990, la industria de las computadoras personales experimentaba una gran crisis de almacenamiento. La cantidad de datos acumulados (en particular cuando se empezaron a utilizar fotografías basadas en registros informáticos) crecía mucho más deprisa que la capacidad de los discos duros. La causa fundamental era la creciente resolución de los gráficos, que ocupaban cada vez más y más del espacio disponible. La industria se enfrentaba a un serio problema a medida que despegaba la digitalización de las imágenes y la fotografía digital.

En aquel entonces, era bastante común que las computadoras ejecutaran un *software* de compresión de disco que permitía empaquetar más datos en una unidad de disco del mismo tamaño, pero, aunque actuaba sin que el usuario tuviera que hacer nada conscientemente, se ralentizaba la ejecución de los programas debido al tiempo necesario para comprimir y descomprimir los datos. Lo que se requería idealmente era un modo de comprimir las imágenes tanto como fuera posible, almacenarlas en un espacio mucho menor y que, a pesar de ello, se descomprimieran con gran rapidez. El tiempo empleado inicialmente para comprimir la imagen se convertía en un problema menor, si solo era necesario hacerlo una vez. Fue aquí donde tuvo un breve éxito la compresión fractal.

Diseñada originalmente en 1987 por el matemático inglés Michael Barnsley, la compresión fractal estuvo disponible en la práctica en 1992. Esta técnica buscaba la autosimilitud de las imágenes para aprovechar la naturaleza fractal de los objetos del mundo real, y comprimía las imágenes para ocupar menos espacio.

El *software* era capaz de comprimir las imágenes, en particular las de escenas naturales, en un espacio mucho menor que las técnicas de compresión convencionales para un mismo nivel de detalle, pero a costa de tomar mucho tiempo para ejecutar la compresión inicial.

Durante un corto período de tiempo, pareció que la compresión fractal se convertiría en estándar. Se utilizó en algunos juegos de computadora y en la revolucionaria enciclopedia *Encarta* en CD-ROM de Microsoft, que fue una de las causas de la desaparición de las enciclopedias en papel antes de que apareciera Wikipedia. Pero, en poco tiempo, las nuevas tecnologías de los discos hicieron innecesaria la compresión fractal. La compresión JPEG era más que suficiente para el trabajo y más rápida de usar. Una imagen JPEG puede tener diez veces el tamaño de una imagen de compresión fractal de la misma calidad, pero esto carece de importancia si se cuenta con suficiente espacio de disco. La compresión fractal vino y se fue, pero el caos en el sentido más amplio llegó para quedarse, y nada lo hace más evidente que la observación del modo en que han fallado las formas tradicionales de pronóstico, más allá de lo que lo han hecho los del tiempo.

5
Quiebras del mercado de valores y superéxitos

Mal uso de la probabilidad

«Existe un departamento especial en el Infierno
destinado a los estudiantes de las probabilidades.
En él hay muchas máquinas de escribir y
numerosos monos. Cada vez que un mono
teclea en una máquina, lo escrito es, por azar,
uno de los sonetos de Shakespeare».
Bertrand Russell, 1872–1970

Parodiando a Shakespeare

El gran filósofo inglés Bertrand Russell resumió sucintamente
la antigua idea de una habitación llena de monos que teclean
al azar las teclas de máquinas de escribir que, con tiempo
suficiente, reproducirían las obras de Shakespeare. En ocasiones
se utiliza esta cita para ilustrar la concepción errónea que se tiene
a menudo de lo que es realmente la aleatoriedad. Si se pide a
cualquiera que pulse al azar en el teclado una serie larga
de letras y espacios, tenderá a repetir con mayor frecuencia
letras o cuasipalabras en la serie de la que debería ocurrir si el
hecho fuera realmente aleatorio. El sentido común nos impulsa
a malinterpretar y a utilizar erróneamente la probabilidad.

Para ser justos, esa habitación llena de monos, que es anterior
a las computadoras y a los generadores de números aleatorios,
no es una buena manera de obtener una secuencia aleatoria
de letras, pero como hemos visto, es perfectamente posible
generar tal secuencia. Para movernos en un entorno más
familiar, tomemos solo la primera línea de uno de los sonetos
más conocidos de Lope de Vega, «Un soneto me manda hacer
Violante». Si lo escribimos todo en mayúsculas e ignoramos

toda la puntuación excepto los espacios, necesitamos 28 caracteres. Esto significa que la probabilidad de que un generador «simulador de monos en una habitación» genuinamente aleatorio saque una U es de 1 en 28. No es tan baja. La posibilidad de generar UN es 1 en 28 × 28, es decir 1 en 784. Ciertamente, el intento de escribir un par de letras es relativamente improbable, aunque debemos tener en cuenta que UN es tan probable que aparezca como cualquier otra combinación de dos letras.

En principio, la sugerencia de que los monos escribirían finalmente una línea de Lope de Vega parece factible. Sin embargo, las posibilidades de obtener solo ese verso inicial son de 1 en 28^{33}. Este valor es de $5,7 \times 10^{47}$. Compárese este valor con las posibilidades de ganar en una de las mayores loterías del mundo que es de 1 en 3×10^8. Por tanto, llegar a mecanografiar ese verso es prácticamente imposible. Desde luego, hay quien gana en la lotería y, en principio los monos llegarían a escribir el verso, pero resulta ridículamente poco probable. Russell, en su comentario sobre los monos y las máquinas de escribir, hacía hincapié en el mal uso de las probabilidades que se puede hacer en la vida diaria. El caos presenta el mismo tipo de riesgo para los incautos, donde la probabilidad parece ofrecer una forma razonable de entender algo, pero cuando se profundiza en los detalles, es probable perderse.

Casas de apuestas versus casinos

Como ya hemos visto anteriormente, los orígenes de las probabilidades están estrechamente vinculados con los juegos de azar, en los que la aleatoriedad controla la posibilidad de que se dé un resultado concreto (asumiendo que se trata de un juego limpio). En este caso, podemos esperar razonablemente una probabilidad de 1 en 2 de ganar en el lanzamiento de una moneda, de 1 en 6 en la tirada de un dado y de 1 en 13 de sacar una carta en particular de una baraja francesa bien mezclada. De manera similar, en el giro de la ruleta, si ignoramos el 0 con el que la casa siempre gana, hay una probabilidad de 1 en 2 de adivinar el rojo o el negro o de 1 en 36 de acertar un número específico.

←

Las probabilidades en las elecciones
Contrariamente a la aleatoriedad predecible del lanzamiento de una moneda, las probabilidades del ganador en las elecciones se basan en un intento de predecir el resultado de un sistema caótico.

Junto a los juegos de casino y las loterías, donde existe una probabilidad específica de cualquier resultado en particular debido al proceso aleatorio utilizado para generarlo, la mayoría de las apuestas dependen de las cuotas ofrecidas por las casas de apuestas. Es fácil engañarse pensando que se trata de lo mismo, ya que nuevamente se nos ofrecen probabilidades de que ocurra un suceso en particular, ya sea el resultado de una carrera de caballos o de una elección, pero, en realidad, lo que parece deberse a un tipo similar de aleatoriedad refleja, de hecho, un intento de adivinar el resultado en un sistema que suele ser caótico. Esta es la razón por la que, por ejemplo, las casas de apuestas ofrecían cuotas sorprendentemente buenas a quienes estaban dispuestos a apostar que Donald Trump ganaría las elecciones presidenciales o que el Reino Unido dejaría la Unión Europea. Las probabilidades expresadas por las cuotas no representaban las verdaderas posibilidades de que ocurrieran esos sucesos, sino más bien un intento fallido de implicar las probabilidades en sistemas intrínsecamente caóticos.

El baile de las encuestas

Las encuestas y los sondeos son frecuentes en la vida actual. Nos dan los resultados obtenidos mediante un cuestionario, con unos números manipulados para tratar de reflejar a toda una población. Así, por ejemplo, en lugar de decirnos que el 50 % de 1000 ciudadanos estadounidenses encuestados en un sondeo apoyan una determinada causa, nos puede decir que 164 millones de estadounidenses (la mitad de la población en el momento de escribir este artículo) tienen esa opinión. Este es el resultado de usar la probabilidad y la estadística, en un intento de hacer inferencias sobre una población más amplia basadas en una muestra.

El mayor problema en este enfoque es garantizar que la muestra sea realmente representativa, e incluso entonces puede haber problemas, ya sea porque la muestra es representativa pero la medida no lo es (lo analizaremos en un momento) o porque el sistema es lo suficientemente caótico como para que el enfoque probabilístico del muestreo no funcione lo bastante bien como para predecir un resultado.

Empecemos con el caso de una muestra que sí es representativa, pero la medida elegida no lo es. Un buen ejemplo de este hecho es el método seguido en algunos países para el pago de una pequeña cantidad en concepto de derechos de autor cada vez que una biblioteca presta alguna de sus obras, de un modo parecido al pago que hace Spotify a los músicos cada vez que emite alguna de sus pistas. Para ello, en Reino Unido y otros países se emplea una técnica denominada PLR (Public Lending Right). Spotify es un moderno sistema de macrodatos que recopila la información de cada transmisión, pero la técnica PLR es anterior a los macrodatos y toma muestras de una serie de bibliotecas que pretenden ser representativas (se seleccionan por su combinación de existencias y la demografía de sus lectores) y extrapola los resultados para el sistema (en este caso, el país) como un todo.

Esto sería correcto si todos los libros tuvieran el mismo interés en todas las bibliotecas. Pero, imaginemos, que yo escribo un libro sobre mi ciudad natal. Este se prestará en muchas más bibliotecas en esa ciudad que en cualquier otra. Si una de las de mi ciudad no está entre el relativamente pequeño número de bibliotecas elegidas, los préstamos de mi libro no se verán reflejados en el estudio. (Del mismo modo, si la librería de la ciudad está en la muestra, su préstamo se verá exagerado). Las bibliotecas elegidas como muestra sí son representativas del conjunto de bibliotecas del país en lo concerniente a todos los préstamos, pero la medida no es representativa de una subclase específica de libros sobre temas locales.

En cuanto al muestreo en un sistema caótico, si el tema es uno en el que las opiniones son relativamente firmes, no hay demasiados problemas. Si me preguntan si prefiero comer carne o tofu, tengo una respuesta muy clara y no es algo que esté sujeto a debate. Sin embargo, si me preguntan por qué partido político es probable que vote, la respuesta depende en gran manera de un sistema en el que interactúa una gran variedad de factores: las políticas de los partidos en ese momento, quién podría ser mi representante local, qué opinión tengo de los líderes de los diferentes partidos, y muchos más: es un ambiente caótico clásico. Esto no es cierto para todos: algunos votan sin pensar, ya que lo hacen siempre de la misma manera, por buenas o malas que sean las diferentes opciones. Pero para el conjunto de votantes indecisos, que en muchos países aumenta de tamaño, la naturaleza de este sistema caótico es fundamental.

Independientemente del tipo de sistema que se esté estudiando, habrá problemas a menos que la muestra sea representativa de la población en su conjunto, y esto es sumamente difícil de desentrañar. El único tipo de encuesta que no tiene una selección intrínseca es la obligatoria. En las encuestas voluntarias, que son prácticamente todas, excepto los censos y las votaciones en algunos países, suele suceder que el mecanismo de realización de la encuesta sesgue la muestra. Por ejemplo, la mayoría de las encuestas actuales se realizan en línea. Esto es causa inmediata de un sesgo en la edad, la experiencia técnica y más. De manera parecida, las encuestas realizadas por teléfono o en la calle tienden a seleccionar un grupo demográfico en particular. Incluso influye la hora del día en que se realizan. Todo esto muestra solo el potencial de sesgo debido a los medios para obtener la información. También influye sustancialmente el tamaño de la muestra: por ejemplo, muchos de los estudios de ciencias sociales se basan en números de participantes demasiado reducidos para poder confiar plenamente en los resultados. Del mismo modo, la forma en que se formulan las preguntas puede sesgar el resultado; incluso pueden hacerlo las preguntas anteriores o posteriores que acompañan a una pregunta determinada. Y así continúa.

Las empresas encuestadoras y los científicos que realizan esta clase de estudios intentan soslayar este tipo de sesgos, pero ello implica modificar los datos obtenidos de un modo que se supone que los hace más representativos. Sin embargo, esto puede ser tanto falaz (los resultados de la encuesta son totalmente diferentes de los registrados) como abierto a una manipulación consciente o inconsciente, ya que el proceso es totalmente subjetivo. Las encuestas y los sondeos a pequeña escala pueden ser nuestra única opción, y a veces son mejores que nada, pero deberíamos tener muy clara su inexactitud.

Echemos un vistazo con más detalle a algunas áreas específicas en las que el caos puede inducir a error, comenzando por los mercados financieros, las cuotas y las acciones.

El juego de los mercados

«Le digo a la gente que invertir debe ser aburrido. Nunca emocionante. Debe ser como ver cómo se seca una pintura o cómo crece la hierba. Si quiere emociones, tome 800 dólares y vaya a Las Vegas».
Paul Samuelson, 1915-2009

El peligroso «porque»

Últimamente, los «principales medios de comunicación» han sido objeto de importantes críticas por parte de los políticos. La realidad es que muchas de estas críticas están fuera de lugar, pero incluso los medios de comunicación más imparciales corren el peligro de equivocarse cuando tratan sobre ciencia y matemáticas, a lo que no ayuda el hecho de que relativamente pocos periodistas tengan formación en estas materias. Algo que hace tropezar repetidamente a los periodistas es confundir la correlación y la causalidad.

Correlación significa que dos cosas independientes cambian al mismo tiempo en la misma dirección, en tanto que causalidad quiere decir que una cosa es motivo de la otra. Tenemos una tendencia natural a asumir que esa correlación implica causalidad, pero puede ser una mera coincidencia, y también que la causalidad se mueva en dirección contraria a lo que suponemos (B es causa de A, y no A causa de B), e incluso puede ocurrir que haya un tercer factor que sea causa de las dos cosas observadas, no que una tenga influencia sobre la otra.

La importancia de no cometer este error se puede ver en algunas de las raras correlaciones descubiertas por el estudiante de Derecho de Harvard Tyler Vigen en su página web Spurious Correlations.

Correlación versus causalidad
Estadísticamente, la cantidad de personas que han muerto por enredarse en sus propias sábanas presenta una fuerte correlación con el consumo de queso, pero no existe una relación causal. (Fuente: Tyler Vigen)

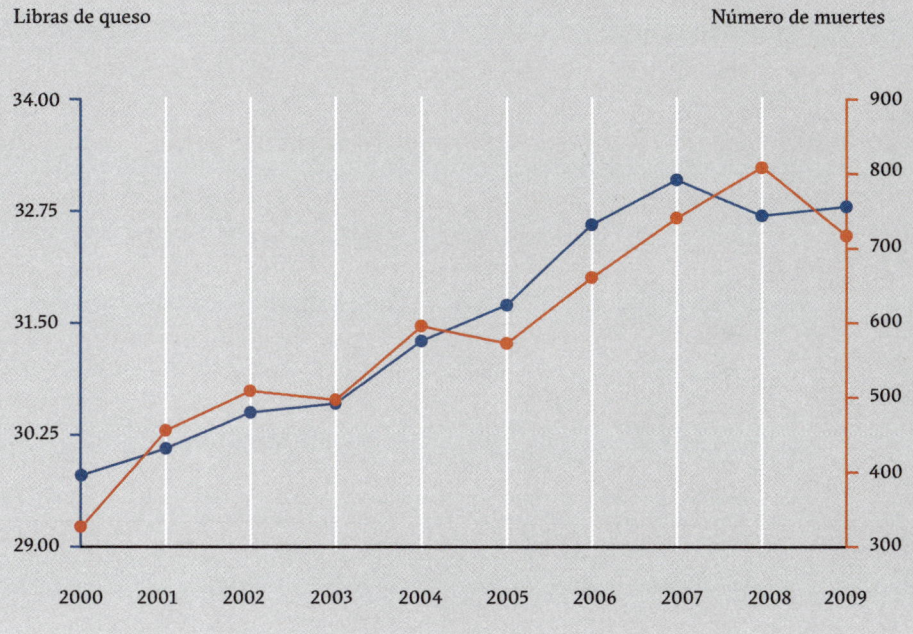

Por ejemplo, Vigen muestra una fuerte correlación entre los muertos por colisión con un tren en Estados Unidos y las importaciones de petróleo de Noruega de ese país. En este caso, ni se sugiere que exista una causalidad, pero en otras combinaciones resulta fácil asumir que existe una relación causal debido a que los hechos suceden simultáneamente.

Estos supuestos aparecen regularmente en las noticias, con frecuencia en términos de la cotización de acciones, como, por ejemplo, cuando nos dicen que las acciones de una compañía tecnológica han bajado de precio «porque hay una demanda relativa a derechos de autor» o «porque las condiciones del mercado se han endurecido» o «porque se han hecho revisiones deficientes de un nuevo producto». En realidad, todo lo que sabemos es que los hechos han sucedido en aproximadamente el mismo período. Nadie puede afirmar que exista una causalidad, no hay una relación sencilla entre las noticias sobre la empresa y cómo se comporta en el mercado de valores. Todo lo que podemos decir es que los anuncios se hicieron en un tiempo parecido al de la caída de las acciones. La palabra «porque», utilizada casi siempre en estas circunstancias, es raramente justificable.

Modelo de comportamiento

Paul Samuelson, el economista ganador del premio Nobel del que se dice que afirmó que invertir debía ser algo aburrido, publicó, en 1965, «Demostración de que los precios correctamente previstos varían aleatoriamente». Parece ser que pretendía disuadir a los lectores de intentar anticipar los precios de las acciones, lo que sería una simple forma de juego de azar, y, en su lugar, considerar el crecimiento a largo plazo de una cesta de acciones. Sin embargo, hay un pequeño pero en las palabras «fluctuación aleatoria».

Tradicionalmente, la llamada economía neoclásica enseña a los estudiantes que la economía tiene una cierta propia estabilidad inherente. Desde luego, existe el ruido aleatorio, pero la idea es que las grandes fluctuaciones vienen atenuadas por la «mano invisible» del mercado. Este concepto fue introducido por Adam Smith, un economista escocés del siglo XVIII, para explicar el modo en que una decisión accidental basada en el interés propio proporciona resultados beneficiosos de mayor alcance. Sin embargo, como demostró Mandelbrot, el comportamiento de los precios de mercado no es verdaderamente aleatorio, sino más bien la imprevisibilidad de un sistema caótico, y en un sistema de este tipo son los saltos repentinos los que tipifican el comportamiento, no las tendencias subyacentes.

→

Inversionistas
A pesar de los numerosos intentos de aplicar pronósticos probabilísticos, el movimiento de los precios en el mercado de valores es caótico.

Pocos sistemas representan mejor el caos que el actual mercado de valores. Aunque la compra y venta de acciones es un proceso sencillo, el sistema involucra una amplia gama de factores interactivos. Están presentes e interactúan los inversionistas individuales, las influencias externas y todos los factores a los que los medios de comunicación suelen echar la culpa de los movimientos en el mercado de valores. Para complicarlo aún más, dada la naturaleza del actual comercio electrónico, el tiempo en el que el sistema puede sufrir cambios espectaculares se ha reducido a fracciones de segundo.

Por ello, y a pesar de los muchos modelos del mercado de valores ya anticuados que utilizan las probabilidades, la realidad puede depender en gran medida de las condiciones iniciales y el resultado puede presentar rápidas variaciones sobre lo esperado que a menudo implican bucles de retroalimentación que tienen la posibilidad de acelerar el resultado. Un ejemplo vívido fue el llamado «crac del 2010» en el que se registraron pérdidas de más de 3000 millones de dólares en el mercado de valores estadounidense en poco más de media hora. Los paquetes de *software* diseñados para tomar decisiones de venta a partir de lo sucedido en el minuto anterior entraron en un peligroso bucle de retroalimentación. Un modelo probabilístico que pronosticara la forma en que se movería el mercado de valores se vería totalmente superado por la naturaleza repentina y extrema de un colapso como este.

Retroalimentación y
las formas de Sierpiński

«Las cuatro palabras más caras
son "esta vez es diferente"».
Sir *John Templeton, 1912–2008*

¿Por qué ser tan negativos?

Si el objeto de los mercados es mantener la economía en
equilibrio (tal como supone la economía neoclásica), en las
interacciones dentro del sistema económico debe predominar
la retroalimentación negativa. Sin embargo, en la práctica, se
presentan varios bucles de retroalimentación positiva. Estos
se ponen de manifiesto cuando ocurre un *boom* o una quiebra
como, por ejemplo, en el *boom* de las empresas puntocom entre
1995 y 2000. En un *boom*, el valor de las acciones experimenta un
alza muy importante y los inversores, a la vista de que son valores
que convencen, se suben al carro.

También existen paralelismos humanos con el bucle de
retroalimentación positiva electrónica de la quiebra debida a una
conectividad mucho mayor que la que solía existir en el mercado
tradicional. Gracias a las redes sociales y a otras comunicaciones
electrónicas de persona a persona, es mucho más fácil en la
actualidad que intervengan los efectos de la red, donde la interacción
entre los inversionistas da como resultado un movimiento en una
dirección que se amplifica por la retroalimentación positiva, que
es el equivalente financiero al chirrido de un altavoz.

Un ejemplo extremo de retroalimentación positiva peligrosa
es cuando se produce una estampida bancaria. El equilibrio
de un banco depende de la confianza de sus clientes. Si esta

se derrumba, a medida que corre la voz de que el banco tiene problemas, la gente comienza a retirar sus depósitos. Esto es causa de nuevas caídas del precio de las acciones del banco, lo que a su vez impulsa a más personas a sacar su dinero por temor a que llegue el momento en el que el banco no disponga de efectivo. Tanto la liquidez del banco como el precio de sus acciones entran en espirales paralelas de declive.

Si es así, ¿por qué siguen pretendiendo los economistas que los mercados son entornos naturales, autorregulados y estables? Se ha sugerido que tiene mucho que ver con el hecho de que los profesionales de la economía quieren conservar sus bien pagados puestos de trabajo. Si admitieran que las economías son sistemas caóticos en los que no es posible hacer pronósticos válidos más allá del muy corto plazo, se perdería la confianza y la razón para tomarlos en serio. Los economistas han reivindicado desde siempre que la economía es una ciencia, pero si lo es, se encuentra en el estado en el que estaba la física cuando los científicos utilizaban una concepción del universo de hace dos siglos, cuando sabemos que lo actual es hacer uso de la teoría cuántica y la relatividad.

Las formas de Sierpiński

El matemático canadiense David Orr destaca una fascinante semejanza entre el mercado de valores y el triángulo de Sierpiński de la página 137. A pesar de que no podemos utilizar las probabilidades tradicionales ni la distribución normal para predecir lo que harán los precios en el mercado de valores, el tipo de movimiento caótico que se observa en este refleja lo que conocemos como una ley de potencia. Esto quiere decir que para cada escala de cambio importante, como un accidente, normalmente habrá alrededor de un tercio del número de acontecimientos que hay para la siguiente escala inferior.

En este sentido, las caídas repentinas se distribuyen más bien como los espacios vacíos en un triángulo de Sierpiński. Por cada caída masiva, hay alrededor de tres veces más caídas de la mitad

Ley de potencia
Una ley de potencia, como la de la gravedad, se presenta cuando un valor depende de la potencia (el cuadrado o el cubo, por ejemplo) de otro valor.

El NASDAQ Composite en torno a la burbuja de las puntocom
Entre 1995 y 2005, el índice bursátil NASDAQ Composite subió a valores nunca alcanzados y luego se derrumbó con el colapso de la burbuja de las puntocom.

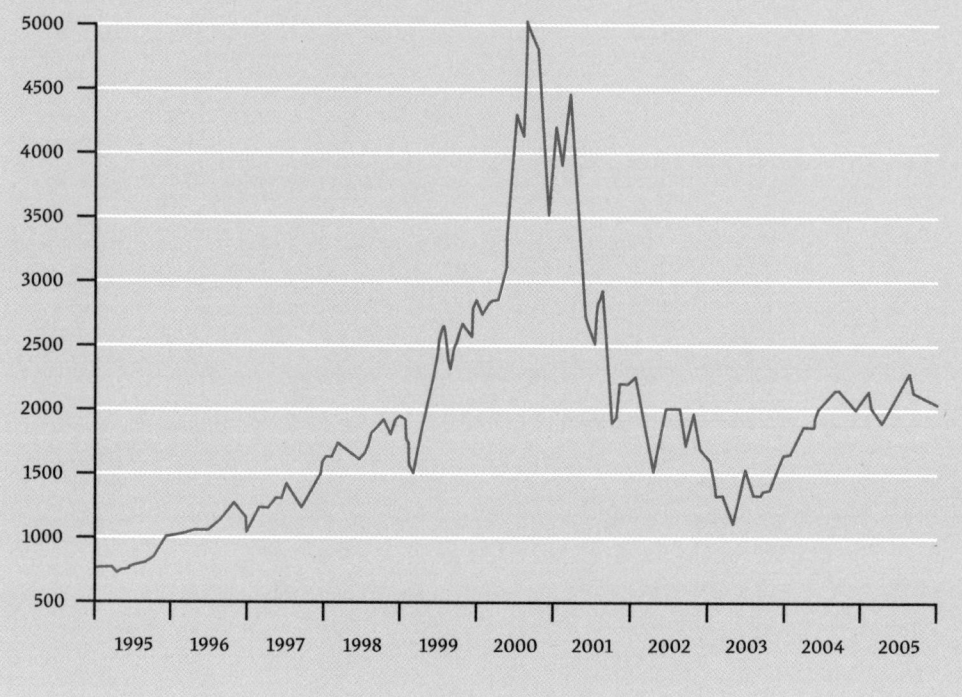

del tamaño, alrededor de nueve veces más caídas de un cuarto del tamaño, y así sucesivamente. Cuando el tamaño del cambio se reduce a la mitad, hay alrededor de tres veces más sucesos.

Tenga en cuenta que este es un ejemplo clásico de comportamiento caótico: hay una clara estructura autosimilar en los datos, pero saber cuál es esa estructura no nos ayuda a predecir lo que sucederá a continuación, y la potencia que se debe aplicar podría cambiar fácilmente de un episodio a otro con la naturaleza de las empresas dominantes. Curiosamente, esta distribución de la ley de potencia es bastante similar a la serie natural de choques en los terremotos, aunque en ese caso, reducir a la mitad el tamaño suele duplicar el número de sucesos en lugar de triplicarlos, y para este caso recuerda la aplicabilidad a gran escala del número de Feigenbaum.

De expertos a éxitos de venta

«Un éxito de ventas es la tumba bañada
en oro de un talento mediocre».
Logan Pearsall Smith, 1865–1946

Confusión política

Ya hemos visto que, en los últimos años, las encuestas (y los inversores) parecen tener problemas a la hora de pronosticar los resultados de las decisiones políticas. En un sentido más amplio, los expertos se han enfrentado a una dificultad creciente en un sistema que es cada día más caótico. Un factor importante es el cambio en el electorado, que deja de lado las líneas tradicionales determinadas por los factores socioeconómicos y los partidos. Las divisiones han causado cambios y fracturas, creando una situación ideal para la aparición del caos debido a la interacción de partes inesperadas del sistema.

No hay duda de que un factor muy presente es el crecimiento de las redes sociales y otras formas de comunicación en línea. Mientras que las influencias políticas estaban limitadas tradicionalmente a donde crecimos, a nuestro lugar de trabajo y a las comunicaciones masivas de los partidos políticos, hay, en la actualidad, muchas más oportunidades para que la información circule entre las burbujas sociales, dando mayor fuerza a factores que antes podrían tener menor importancia. En consecuencia, se han dado resultados que han tomado por sorpresa a los expertos y, a menudo, a la «élite metropolitana», ya que el que era un sistema fuertemente estructurado, donde eran aplicables las probabilidades tradicionales, se ha convertido en uno caótico donde los resultados que antes parecían imposibles se hacen realidad.

A por el oro

Contrariamente a lo que ocurre en política, el sistema que hace que un libro sea un éxito de ventas o que una canción alcance el número 1 en las listas de éxitos ha tenido siempre un importante componente caótico, aunque los mismos factores, como las redes sociales y otros actores en línea (en particular Amazon), han reforzado aún más este carácter caótico. Si tomamos, por ejemplo, el caso de los éxitos de ventas, el sistema caótico es menos comprensible que los que se han estudiado, como los pronósticos del tiempo.

Aunque hay claros factores que contribuyen al éxito de un libro (la mercadotecnia y la visibilidad que recibe, la cobertura en las redes sociales y de comunicación, los ingresos disponibles del público al que va destinado, los cambios en la actitud hacia la lectura y muchos otros), es un sistema complejo que involucra las acciones de editores, librerías y compradores en el que los datos disponibles son mucho más escasos que en el caso del tiempo, y donde las relaciones son mucho menos obvias que, por ejemplo, en el problema de la interacción gravitatoria de los tres cuerpos (*véase* página 59).

Los resultados se han vuelto aún más complejos debido a la disponibilidad de las ediciones en forma de libro electrónico, que permiten una flexibilidad de precios mucho mayor, además de las interacciones internas en los grandes sistemas nuevos, como en el entorno minorista en línea de Amazon. Supongamos que hay un libro electrónico cuyo precio de 4,99 € se reduce temporalmente a 0,99 €. La economía convencional permitiría hacer una predicción del impacto que tendría en las ventas una bajada de precio tan importante. Pero en el ecosistema de Amazon, el cambio de precio es solo una pequeña parte de los factores que interactúan. Debido a la reducción del precio, es posible que el libro aparezca en una sección especial para ofertas. Con ello, el aumento en las ventas podría hacer que el libro suba en la clasificación, dándole mucha mayor visibilidad en el sitio, con lo que las ventas aumentan aún más, en un ciclo de retroalimentación positiva. De repente, lo que parecía un cambio relativamente menor pasa a ser enormemente significativo, pero de una manera totalmente impredecible.

Esto no quiere decir que cualquier libro, no importa cuál sea su calidad, pueda convertirse en un éxito de ventas (aunque hay ejemplos, como *Cincuenta sombras de Grey*, que han tenido un gran éxito a pesar de las críticas totalmente negativas), sino que es casi imposible predecir qué obra será un éxito de ventas, pues no existe una relación clara y simple entre un factor en particular y el éxito a gran escala. Esto es así a pesar de los intentos que se han hecho de utilizar los macrodatos para hacer exactamente este tipo de predicciones.

Macrodatos

«Las matemáticas se pueden comparar con un molino de magnífica construcción, que puede moler las cosas con cualquier grado de finura; sin embargo, lo que sale de él depende de lo que se introduce; y del mismo modo que el mejor molino del mundo no producirá harina de trigo a partir de guisantes, las páginas repletas de fórmulas no obtendrán un resultado definitivo a partir de datos sueltos».
Thomas Huxley, 1825–1895

¿Es lo grande realmente bello?

Vivimos en la era de los macrodatos y disponemos de una capacidad sin igual de obtener grandes cantidades de datos, a menudo en tiempo real, y analizarlos. Algunos podrían decir que esta es la solución a los problemas de las encuestas y los sondeos (no intente trabajar con una muestra cuando se trata de sistemas caóticos, y simplemente compile todos los datos). Cabe afirmar que el censo, el primer intento de creación de macrodatos, desencadenó la revolución informática. Un censo pretende tomar una instantánea de todos los individuos en el sistema, pero cuando se hizo el de 1890 en Estados Unidos, el tiempo necesario para procesar todos los datos era tal que se corría el riesgo de no haberlo completado antes de hacer el de 1900.

La Tabulating Machine Company acudió al rescate, utilizando un sistema de tarjetas perforadas desarrollado por Herman Hollerith. Sus dispositivos no eran computadoras, sino que solo ordenaban y seleccionaban las tarjetas de forma electromecánica, pero su compañía se convirtió en la IBM y sus sistemas de procesamiento fueron los predecesores de los basados en la computación.

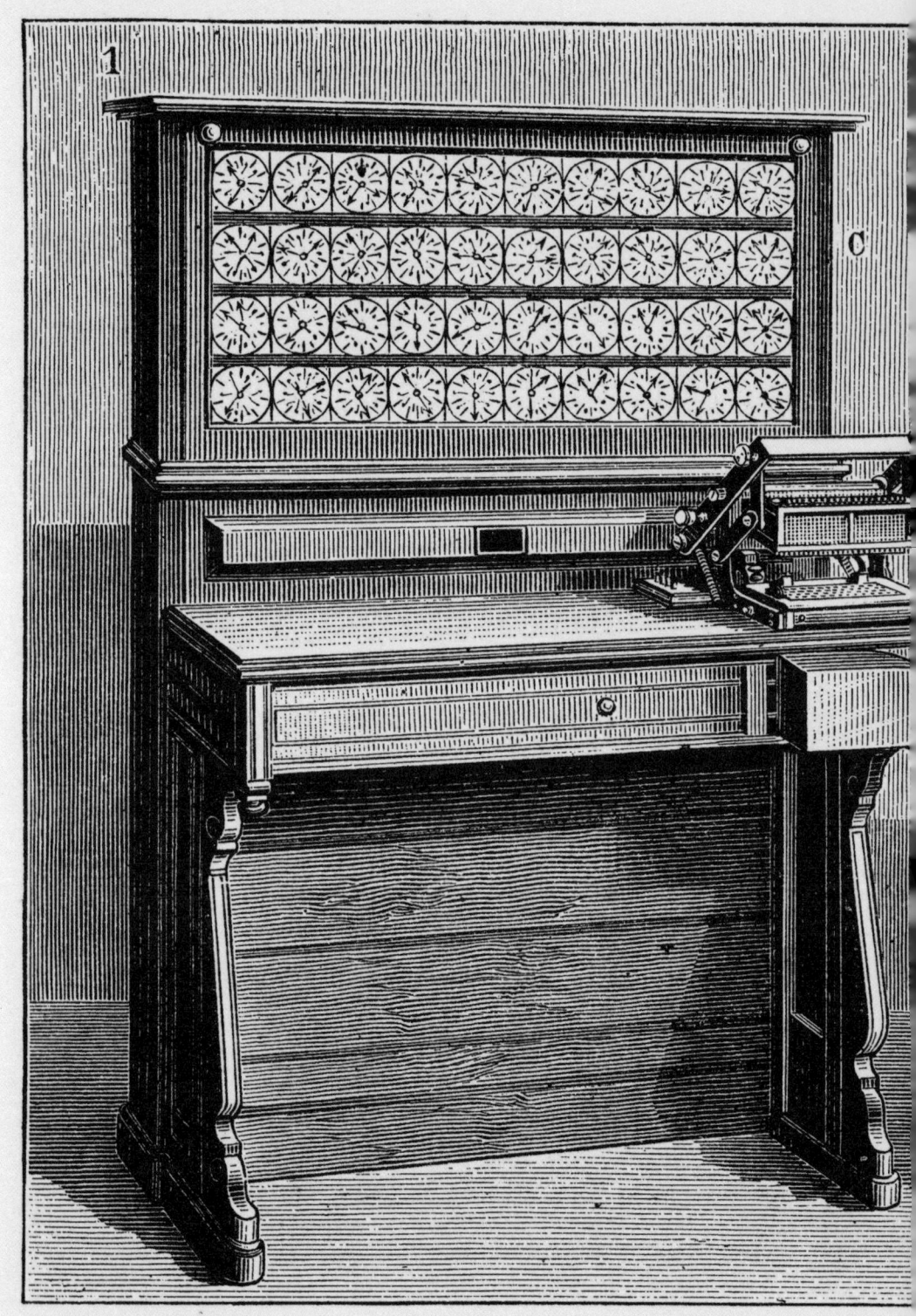

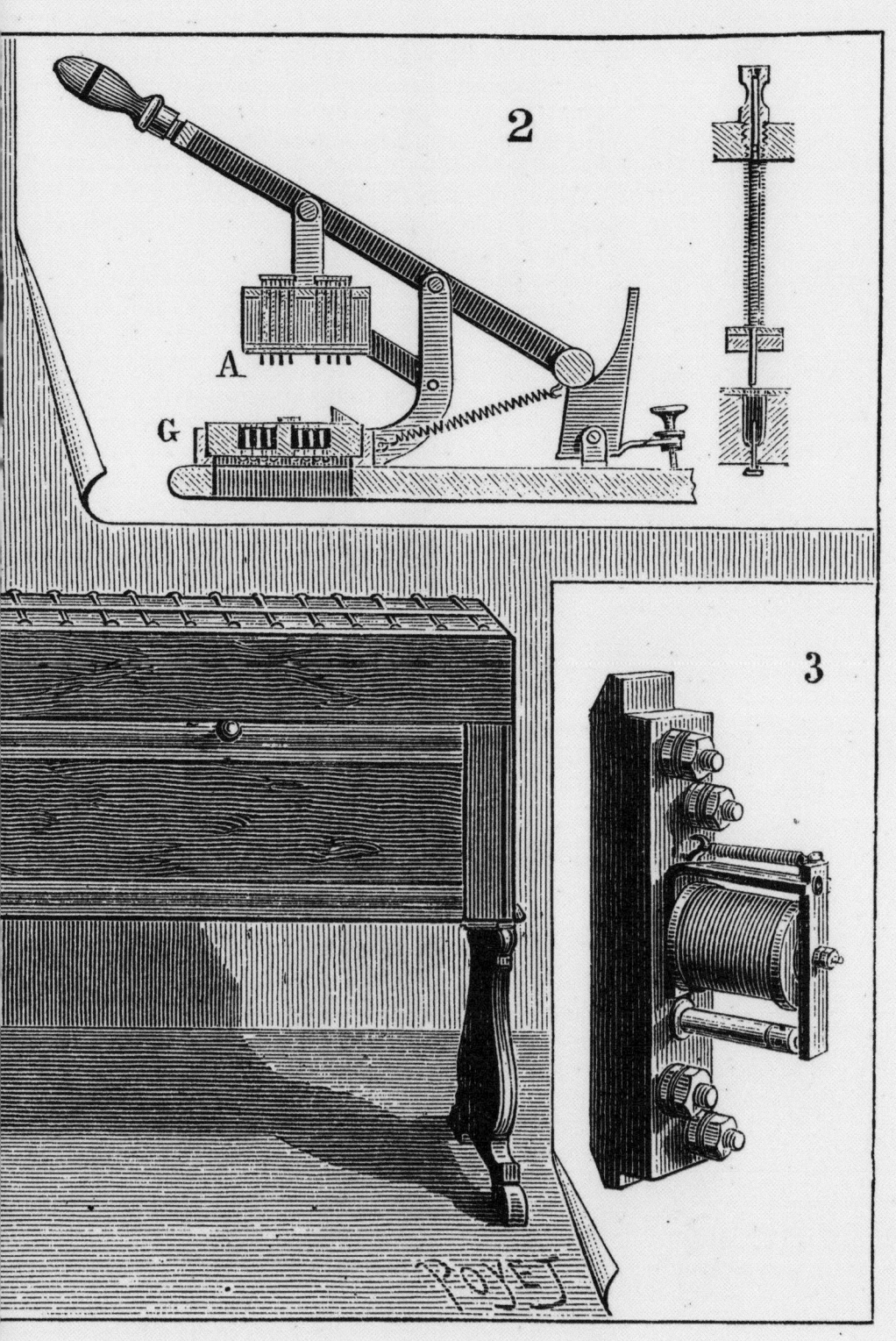

Tabulador de Hollerith
Un tabulador de 1890 como los que se utilizaron en el censo de Estados Unidos.

Sin embargo, el censo es algo que se hace una vez. Los macrodatos en el sentido actual de la palabra no despegaron hasta el siglo XXI, cuando las empresas y las organizaciones empezaron a recoger y procesar grandes cantidades de datos sobre las personas y sus actividades, y el *software* empezó a ser lo bastante inteligente para revisar con cuidado y manipular esos datos sin intervención humana. A menudo incorporan elementos de inteligencia artificial (IA) o «aprendizaje automático», con los que, en lugar de que los seres humanos establezcan las reglas para procesar la información, la computadora descubre enlaces y asociaciones por cuenta propia.

En principio esto parece una bendición. Sabemos los problemas implicados en el entendimiento de los sistemas caóticos, en especial aquellos en los que están involucradas las personas. (Esto puede sonar irónico, pero no se debe a que la vida de la gente sea caótica, sino a la cantidad de factores que influyen en sus actos). Si es así, ¿por qué no dejar que un sistema de inteligencia artificial presida todo lo que sucede y que haga los pronósticos para nosotros? Se ha intentado para muchas cosas, como en las valoraciones para conceder créditos y en la predicción de dónde se van a cometer crímenes, pero con este enfoque se presentan serios problemas.

Reconocer requiere entender

Al permitir que los sistemas de IA rastreen una gran cantidad de datos y hagan deducciones y predicciones para nosotros surgen dos problemas clásicos: en primer lugar, los sistemas no entienden y, en segundo lugar, muestran una tendencia al sobreajuste. Veamos cada uno de ellos. Es fácil dejarse engañar por el término «inteligencia artificial». Los sistemas de IA no son inteligentes. Encuentran patrones y los explotan, algo que es ciertamente utilizado por la inteligencia, pero los sistemas de IA no entienden lo que están haciendo.

Un buen ejemplo se presenta al utilizar la IA en el reconocimiento de imágenes. Los seres humanos son muy buenos para identificar lo que hay en una imagen, pero las máquinas no lo son. La IA parece ofrecer una capacidad semejante a la de los humanos. Supongamos que queremos crear un *software* de reconocimiento de imagen para detectar aquellas en las que aparece un par de esquíes. Es muy difícil especificar con exactitud el aspecto de un par de esquíes, desde cualquier ángulo y en cualquier dirección. Los sistemas de aprendizaje automático no nos necesitan para ello. Les mostramos millones de fotografías y les decimos cuáles contienen esquíes. Con el tiempo, el sistema mejorará su reconocimiento de esquíes, o por lo menos así lo parece.

→

Coches autónomos
La imagen de la calle que tiene el coche autónomo depende de un buen reconocimiento de las señales en ella.

El caso es que no sabemos cómo identifica el sistema un par de esquíes; no sabe lo que son los esquíes del modo en que lo sabemos nosotros, pero escoge las imágenes correctas de la serie que le hemos mostrado. Sin embargo, cuando empezamos a usarlo en otros entornos, siempre que le mostremos una imagen con un fondo nevado, nos dirá que hay esquíes en la imagen. Resulta que, como la mayoría de las fotografías que mostramos a la máquina cuando estaba aprendiendo también tenían nieve, y es más fácil ver un gran campo nevado que un par de esquíes, lo que siempre buscaba era la nieve.

Y lo que es peor. Los programadores han demostrado que siempre es posible engañar al sistema de reconocimiento de imágenes utilizando algo que es insignificante para el ojo humano. Un ejemplo preocupante surge en los sistemas de reconocimiento que utilizan los coches autónomos. Una pequeña pegatina en una señal de stop, que para nosotros sería solo una tontería, haría que un coche autónomo la reconociera como una señal de límite de velocidad. No hay ningún problema en utilizar estos sistemas de reconocimiento si a continuación pasan una verificación del ojo humano, pero dar a ese sistema la capacidad de actuar totalmente por sí mismo es preocupante.

Ya hemos visto lo fácil que es encontrar correlaciones que no tienen sentido, como el ejemplo de Vigen entre las importaciones de petróleo con las colisiones con trenes de la página 158. Esto es posible pues los que buscan falsas correlaciones tienen acceso a una inmensa cantidad de datos entre los que buscar. Con datos suficientes es muy probable encontrar algunas correlaciones coincidentes. Sin embargo, buscar entre grandes cantidades de datos es, precisamente, lo que hacen los sistemas de IA, y como las máquinas carecen de entendimiento, no pueden darse cuenta de que la relación aparente es estúpida. Además, está el tema del sobreajuste.

Sobreajuste de la realidad

Los que realizan pronósticos tienen un problema. Lo que hacen normalmente es tomar datos del pasado e intentar extrapolarlos al futuro. La argumentación es: «Esto es lo que ocurrió antes; yo debería ser capar de deducir (estrictamente, inducir) de ello lo que sucederá después». Desafortunadamente, el comportamiento de la realidad rara vez es parejo y regular. Incluso los datos no caóticos presentan «valores atípicos», casos que no se ajustan a la norma, mientras que, como hemos visto, los datos caóticos presentan saltos extremos. Forman parte de la naturaleza intrínseca de los sistemas caóticos.

Desde hace mucho tiempo se ha constatado que, al tratar de determinar la forma de lo sucedido para proyectarlo en el futuro, existe el peligro de «sobreajuste», es decir, tomar todos y cada uno de los puntos de los datos y crear un modelo que pueda generar exactamente ese conjunto de datos. El problema es que un modelo definido con tanta precisión solo puede seguir reproduciendo el mismo resultado. En la práctica, un modelo debe ajustarse a los datos de una manera más flexible para ser capaz de asumir el futuro, utilizando, por lo general, solo una cantidad relativamente pequeña de variables.

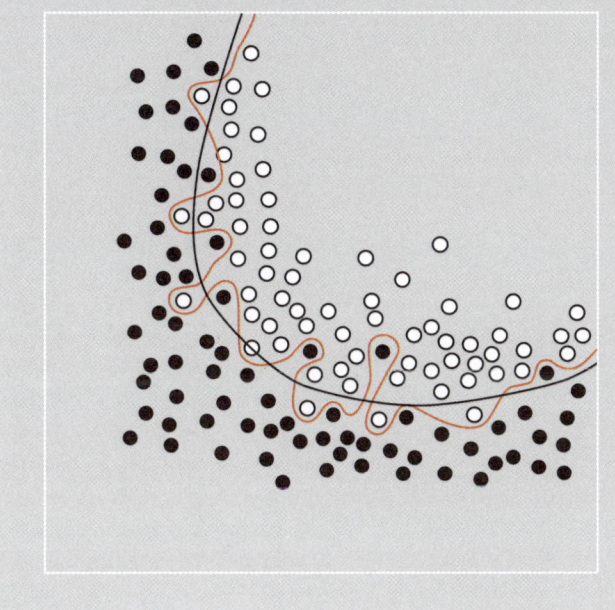

Sobreajuste
Una línea que estaría bien para fijar la frontera entre puntos negros y blancos sería la negra. Si la línea es la que separa todos los puntos (línea roja), establece un sistema que solo funciona para este conjunto específico de datos.

Sin embargo, abandonado a sus propios medios, un sistema de aprendizaje automático puede fácilmente realizar un sobreajuste de los datos, creando una gran cantidad de parámetros que no tienen base real pero que, no obstante, le permite predecir con exactitud cómo se comportaron sus datos de entrenamiento, de los que aprendió. Esto tiende a que dicho sistema sea inútil para cualquier aplicación fuera de los datos concretos con los que ha sido entrenado. Por supuesto, los desarrolladores de dichos sistemas intentan evitar este hecho, pero el objetivo del aprendizaje automático es no decirles a los sistemas cómo hacer su trabajo. Y una vez más, la falta de comprensión es un problema.

Otra vez los éxitos de ventas
Los editores no disponen de un método para determinar cómo responderá a un nuevo título el sistema caótico constituido por

el público comprador y lector. Sin embargo, en el libro titulado *The Bestseller Code: Anatomy of the Blockbuster Novel*, el académico estadounidense Matthew Jockers y la editora Jodie Archer sugieren que sería posible utilizar la IA y los macrodatos para predecir los éxitos potenciales. Afirman que su sistema «puede leer, reconocer y filtrar miles de características en miles de libros», y que tienen una receta para generar correlaciones coincidentes y para el sobreajuste.

Los autores no afirman que su sistema escogerá la buena literatura; solo se interesa por las ventas potenciales. No hay duda de que identificará algunos libros del tipo «yo también» que podrían ocupar un buen lugar en una lista de éxitos. Sin embargo, la lista de temas que los autores deben evitar según el modelo Jockers-Archer evidencia que este enfoque tiene serios problemas. Según este sistema, para ser un éxito de ventas, los autores no deben incluir, por ejemplo, la fantasía, los temas muy británicos, el sexo y la descripción de cuerpos. Eso significa que, elegidos al azar, *Juego de tronos* y *El señor de los anillos* no serían posibles éxitos de venta, sin mencionar a personajes tales como James Bond o Harry Potter, la mayoría de los títulos de éxito para adultos jóvenes, los libros de misterio sobre asesinatos y *Cincuenta sombras de Grey*. Este enfoque puede generar títulos relativamente seguros, pero, con toda certeza, respetar estas reglas no da lugar a la creación de grandes obras de ficción ni la próxima gran novedad. El caos no funciona así.

En general, preocupa seriamente el modo en que los sistemas de IA pueden influir en nuestras vidas, al basar sus decisiones en factores que no tienen sentido para nadie con cabeza. No es sorprendente pues que muchos gobiernos los vean con recelo y busquen maneras de proteger al público, exigiendo que los sistemas incorporen la transparencia. Pero esto es más fácil de decir que de hacer.

Al tomar una decisión, un sistema de aprendizaje automático se suele basar en factores confusos y que no parecen tener una lógica obvia que los fundamente. Los requisitos de transparencia y explicación de las decisiones pueden conducir a abandonar los sistemas de IA, o a que se deba introducir en ellos una complejidad mucho mayor que les permita construir una razón lógica de todas las decisiones en lugar de una incomprensible ponderación de diversos factores. A veces, los que trabajan en la industria se lamentan de que los legisladores no entienden la tecnología, pero, con ello, los tecnólogos subrayan el problema al que nos enfrentamos. La tecnología falla si no es capaz de hacer su trabajo de modo que incluya el hecho de dar explicaciones.

Transparencia
Dado que el aprendizaje automático de un sistema de IA deriva sus propias reglas a partir de una gran cantidad de datos, puede ser extremadamente difícil dar una explicación lógica de una decisión. Para que un sistema de IA sea transparente, necesita formular un proceso lógico que un ser humano pueda seguir.

La salida del caos

«La ciencia es el intento de que la caótica diversidad de nuestra experiencia sensorial se corresponda con un sistema de pensamiento lógicamente uniforme».
Albert Einstein, 1879–1955

El caos no es siempre caótico

Antes de que, en la década de 1970, se diera a la palabra «caos» su definición matemática, solo tenía el significado original utilizado por Einstein en la cita anterior: algo amorfo, aleatorio y, a menudo, peligroso. Quizá hubiera sido mejor que se les hubiera ocurrido otra palabra a los que dieron al término caos su significado matemático, ya que es muy difícil discernir la fuerza subyacente de su significado original. Esperamos, con razón, que el caos sea una confusión anárquica, y lo puede ser, pero gran parte del tiempo no lo es.

Pensemos por un momento en el descubrimiento original de Lorenz. El tiempo puede ser ciertamente caótico en el sentido tradicional. Pero a menudo no lo es. Imagine un cielo azul sereno o incluso una lluvia constante desde un manto de nubes. Matemáticamente, el tiempo sigue siendo caótico, pero no necesariamente trae consigo los atributos del caos en su sentido convencional del idioma o como el vacío primordial de la mitología griega.

Ya hemos visto que los sistemas caóticos tienen a menudo atractores: islas de calma que son relativamente fáciles de alcanzar desde una amplia gama de puntos de partida. La ruta para llegar allí puede ser completamente impredecible y alocadamente variable, pero el destino sigue siendo todo menos desordenado. Del mismo modo, es posible que los sistemas caóticos den como resultado la aparición en un grado sorprendente de algo que podría considerarse la antítesis del caos: la sincronicidad.

Sincronicidad espontánea

Como caos, sincronicidad es otra palabra que, desde el punto de vista técnico, no tiene el mismo sentido que el que se le podría dar para usarla en el lenguaje corriente. Parece referirse, aunque no lo hace, al hecho de dos sucesos que tienen lugar simultáneamente. Un sistema que muestra sincronicidad tiene una regularidad de algo dependiente del tiempo como, por ejemplo, el movimiento, que se extiende a lo largo de parte o de todo el sistema. En realidad, el término fue inventado por el psicólogo suizo Carl Jung para describir sucesos que coinciden en el tiempo y que parecen estar relacionados, pero sin ninguna causalidad obvia. (Esto es una coincidencia, Carl).

Así pues, en esta definición, la sincronicidad trata de la correlación sin causalidad. Jung propuso el ejemplo del sistema de adivinación chino, el *I Ching*. Este parece hacer predicciones significativas como resultado de coincidencias, pero no tiene un mecanismo causal. El caos se puede originar en una versión diferente de la sincronicidad que tiene más sentido, casi una inversión de la de Jung, en la que existe un enlace causal, pero que no es evidente dada la naturaleza caótica del sistema.

Uno de los primeros sistemas caóticos con el que nos encontramos fue un péndulo doble (articulado, *véase* página 38). Un péndulo alternativo, el denominado péndulo acoplado, muestra cómo el caos puede producir una acción sincronizada. En este caso, dos péndulos de la misma longitud están suspendidos del mismo objeto. Cuando se inicia el movimiento de un péndulo, el movimiento se transfiere gradualmente al otro, después lo hace nuevamente al primero y así sucesivamente. Cuando ambos se mueven, sus movimientos se sincronizan. Este fenómeno fue observado por primera vez por el científico holandés Christiaan Huygens, inventor del reloj de péndulo moderno.

Este descubrimiento no fue arbitrario. En el siglo XVII, los navegantes oceánicos tenían graves problemas para determinar la longitud, es decir, la posición de la nave este-oeste sobre la superficie de la Tierra. La latitud se mide con relativa facilidad a partir de la posición del Sol al mediodía, pero la determinación

→
El *I Ching*
Página de una copia impresa del *I Ching* de la dinastía Song (960–1279).

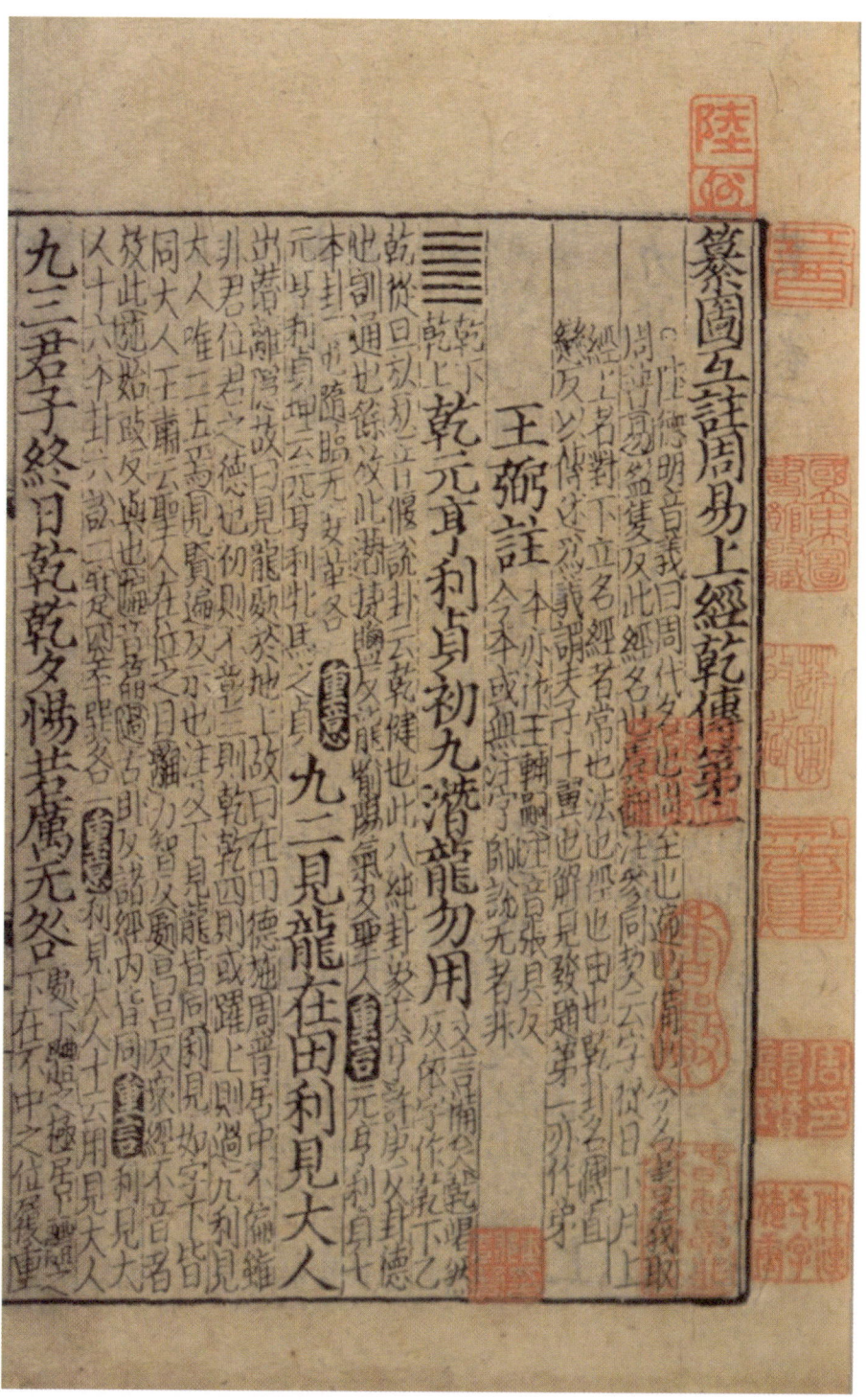

Sincronización de péndulos

En el experimento de Huygens, los péndulos de dos relojes fijados a la misma viga de madera se sincronizan con oscilaciones opuestas.

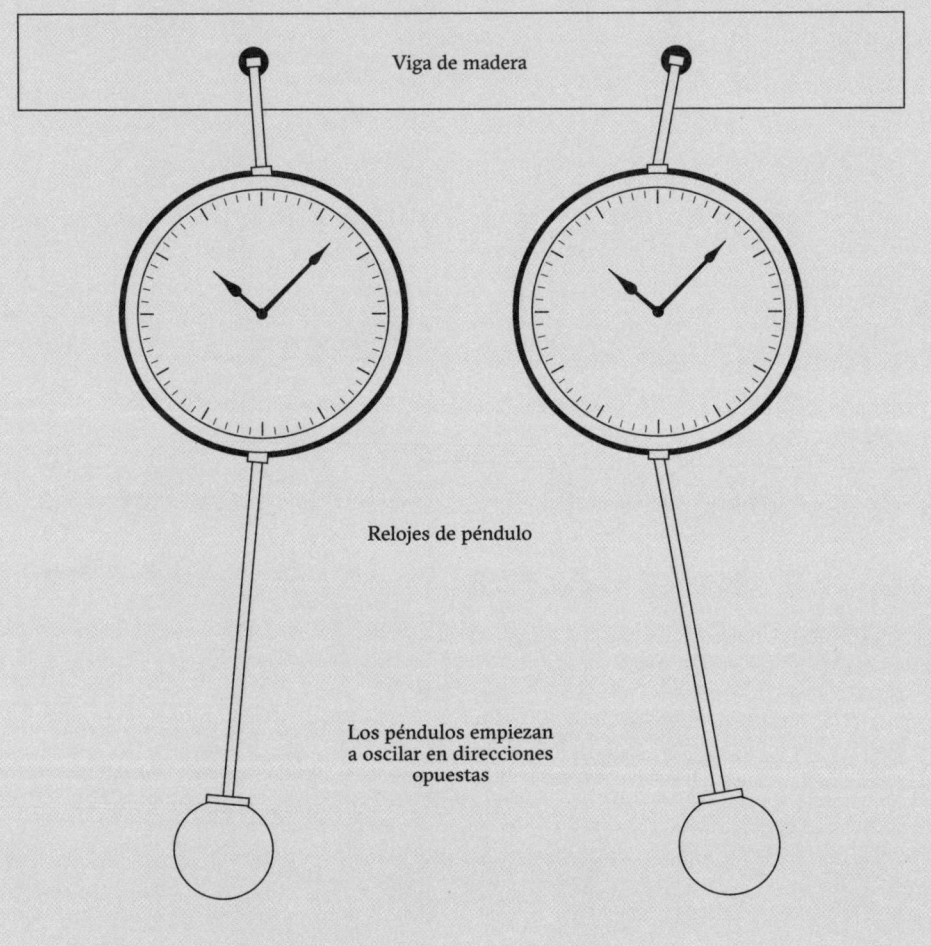

Viga de madera

Relojes de péndulo

Los péndulos empiezan a oscilar en direcciones opuestas

de la longitud requería una medida precisa de la diferencia de tiempo entre la posición actual y un punto conocido de la Tierra. Formando equipo con el científico escocés Alexander Bruce, Huygens quería comprobar si sus relojes de péndulo recién inventados podían superar los movimientos de una embarcación en el mar, e hizo los arreglos para instalar un par de relojes de péndulo en un barco que partía de África occidental.

Instaló dos relojes para que se respaldaran mutuamente: si uno se detenía a causa del movimiento violento del barco, se podía restablecer fácilmente con la hora indicada por el otro. Aunque no se enfrentaron a ninguna tormenta y la prueba inicial tuvo éxito, el enfoque no resultó eficaz. Esto se debió en parte a la poca precisión de los relojes, y además eran demasiado susceptibles al movimiento del barco, por lo que era muy probable que ambos se llegaran a detener al mismo tiempo. Pero al probar diferentes formas de montarlos, Huygens descubrió que dos relojes fijados a la misma viga de madera se sincronizaban, con los péndulos oscilando de manera simultánea, pero en direcciones opuestas, tras una media hora de su puesta en marcha.

Este efecto fue redescubierto varias veces a lo largo de los años, y en el siglo XIX se llegó a la clara explicación de que la energía se transfería entre los péndulos a través de la barra que los conectaba, inicialmente de manera caótica, hasta que se desfasaban de forma exacta, con movimientos especulares, cuando las transferencias de energía entre los péndulos se equilibraban entre sí.

Investigaciones más recientes han descubierto otros aspectos notables de la sincronización del péndulo. En 2002, James Pantaleone, un físico que trabajaba en la Universidad de Alaska, probó una configuración experimental utilizando dos metrónomos, esos péndulos invertidos que se utilizan para proporcionar un sonido de tictac regular para fijar el ritmo en las prácticas de música, colocados sobre una tabla que, a su vez, se apoyaba en dos latas de refresco, en lo que pretendía ser una demostración barata y alegre del efecto descubierto por Huygens. Sin embargo, sucedió algo extraño.

Los metrónomos se sincronizaron, pero en lugar de estabilizarse y moverse como imágenes especulares entre sí, se sincronizaron, pero ambos se movieron en la misma dirección. Otros experimentos en la Universidad Tecnológica de Eindhoven en los Países Bajos demostraron que el secreto no residía en las latas de bebida, sino en la relativa ligereza de la barra que las unía. Con una barra ligera, los péndulos se sincronizan en la misma dirección, y con una barra pesada, en direcciones opuestas. Se constató que, en lugar de mover energía de un lado a otro, con la barra ligera los movimientos se acoplaban efectivamente a través de ella, como si los péndulos estuvieran conectados entre sí.

Lunas, luciérnagas y puentes

Un efecto parecido es causa de un fenómeno que nos es tan familiar que casi nunca pensamos en él, pero que puede resultar sorprendente. La Luna nos muestra siempre la misma cara. No tiene, como se dice a veces, un «lado oscuro», como sugiere, por ejemplo, Pink Floyd en su álbum de 1973; la parte más alejada de la Luna recibe exactamente la misma cantidad de luz solar que la más próxima. Sin embargo, siempre muestra la misma cara a la Tierra. La explicación es que la velocidad de rotación de la Luna es exactamente la necesaria para contrarrestar los cambios que cabría esperar cuando orbita nuestro planeta.

Parece una coincidencia notable, y lo sería realmente si lo fuera de verdad. En realidad, se trata de otro ejemplo de sincronicidad. Ni la Luna ni la Tierra son esferas perfectas. Lo más importante a este respecto es que, debido a que la atracción gravitatoria de la Tierra es significativamente más fuerte en el lado de la Luna que mira hacia la Tierra, ese lado está ligeramente deformado hacia ella. Por este motivo, la Luna se comporta como un dado con un peso en una de las caras. Cuando se lanza un dado «cargado», lo más probable es que salga el valor de la cara opuesta al peso. De un modo parecido, a medida que gira, el lado de la Luna que sobresale hacia la Tierra se siente más atraído hacia ella. Con el tiempo, la rotación de la Luna habría sido empujada por esa atracción hacia una velocidad que ha mantenido un lado mirando siempre hacia nuestro planeta.

Otro ejemplo de sincronicidad en la naturaleza es que algunas especies de luciérnagas sincronizan sus destellos, aunque, aparentemente, no tengan la intención consciente de hacerlo; es la consecuencia de su interacción en un sistema caótico.

Uno de los mejores ejemplos de esa sincronicidad espontánea ocurrió cuando se inauguró el Puente del Milenio de Londres. Se trata de un puente colgante de acero que cruza el río Támesis entre la catedral de San Pablo y la Tate Modern, construido, como su nombre indica, para marcar el nuevo milenio. Cuando se abrió por primera vez, el puente era, bueno, un desastre andante. A pesar de ser una estructura grande y sólida, vibraba lateralmente

Amortiguadores
Dispositivos mecánicos que absorben los movimientos bruscos; suelen hacer uso de muelles o pistones hidráulicos. Los de los coches son un buen ejemplo.

cuando la gente caminaba sobre ella, hasta el extremo de que era difícil cruzarla. Se tuvo que cerrar dos días después de su inauguración.

El problema del puente se solucionó colocando amortiguadores para contrarrestar su comportamiento. La causa de las vibraciones era la aparición de un movimiento sincrónico originado por la entrada caótica de muchos peatones. Esto difiere de la vieja idea de que los soldados tenían que romper el paso al cruzar un puente para evitar que se ajustara a la frecuencia natural de su vibración. En este caso, el movimiento vibratorio inducido en el puente es vertical, hacia arriba y hacia abajo. Las personas por el Puente del Milenio no caminaban al paso, pero a medida que avanzaban se movían de un modo natural de un lado a otro. Del caos de una multitud de personas cruzando, emergió la sincronicidad: si había más personas que se movían en un sentido que en el otro, causaba una pequeña cantidad de movimiento lateral del tablero del puente. Esto impulsaba a que otras personas se desplazaran inconscientemente en el mismo sentido para moverse al compás de él, con lo que se amplificaba el efecto.

El caos puede desafiar las expectativas. Ya hemos visto el problema que se presenta a los que intentan predecir el comportamiento de sistemas caóticos utilizando las matemáticas tradicionales de la aleatoriedad. Entonces, ¿qué ventajas prácticas puede aportar la teoría del caos? Una cosa es ser consciente del caos y otra, dominarlo.

Luciérnagas síncrónicas
Las luciérnagas en el Parque Nacional de las Smoky Mountains, en Tennessee, destellan en sincronía.

6
Dominio del caos

Tiempos turbulentos

«Cuando me encuentre con Dios le voy a plantear dos preguntas: ¿por qué la relatividad es tan compleja? y ¿cómo se explica la turbulencia? Creo que Dios tendrá una respuesta para la primera».
Werner Heisenberg, 1901–1976
(atribuida también a Horace Lamb, 1849–1934)

La montaña rusa de los pasajeros frecuentes

Hay un momento que casi ningún pasajero disfruta: cuando en los altavoces se oye la voz del comandante que anuncia que el avión va a entrar en una zona de turbulencias y que todos se deben ajustar los cinturones de seguridad. Una cosa es cruzar el cielo a 10 km de altitud con toda tranquilidad y otra es verse sacudido mientras el avión se agita y tiembla como un juguete en manos de un niño. Lo peor es cuando el avión entra súbitamente en una zona sin turbulencia y cae de repente como un ascensor fuera de control.

Algo que le debe tranquilizar en caso de turbulencias es el hecho de que ningún gran avión de pasajeros se ha accidentado como consecuencia de ellas (le ha ocurrido a algunos aviones pequeños). Sin embargo, muchos pasajeros han sufrido lesiones, algunas debidas a objetos que han caído de los compartimentos de equipaje o, en casos extremos, por no tener puesto el cinturón y haber salido despedidos de su asiento. Sin embargo, lo que resulta más enervante del fenómeno de la turbulencia es que es uno de los menos comprendidos de la física. Durante mucho tiempo, los físicos se sintieron frustrados, pero ahora se han percatado de que la turbulencia es una característica de un sistema fluido caótico.

El aire es un fluido y la turbulencia que experimenta un avión se debe a movimientos súbitos del aire, que se producen cuando las regiones adyacentes están a temperaturas muy diferentes, lo que ocasiona fuertes flujos de aire de un lugar a otro. El movimiento de los fluidos se rige por el sistema de ecuaciones Navier–Stokes, que debe su nombre al ingeniero francés Claude-Louis Navier y al físico irlandés George Stokes. El nombre no indica que colaboraran, sino que fue el resultado de una combinación de aportaciones poco habitual.

Navier presentó sus ecuaciones en 1822 (cuando Stokes tenía 3 años), pero parece que las formuló con una carencia. Navier no conocía bien los fenómenos físicos involucrados y no se dio cuenta de que debía tratar con el rozamiento real entre los átomos o las moléculas de los fluidos, pero, de algún modo, sus ecuaciones reflejan correctamente estos factores. El nombre de Stokes se añadió al de las ecuaciones debido a que, en 1845, después de la muerte de Navier, aplicó correctamente la física y dedujo las mismas ecuaciones sobre una sólida base científica.

En su expresión más general, se trata de ecuaciones diferenciales parciales no lineales: tales ecuaciones son tan complejas que solo se pueden resolver en casos relativamente simples. La parte «no lineal» es un claro indicio de que seguirá el caos, según el concepto matemático en el que los resultados no tienen una relación directa con los datos. La turbulencia surge cuando diferentes partes del fluido se aceleran a distintas velocidades en diferentes puntos en el tiempo, de modo que el fluido no se mueve como un todo liso o en un conjunto de capas (flujo laminar), sino que pequeñas partes de este tienen movimientos impredecibles en direcciones distintas.

Turbulencias cardíacas

Desafortunadamente, aunque la comprensión del caos nos ayuda a explicar por qué ocurre la turbulencia, no aporta las herramientas para predecir mejor su comportamiento. Existen modelos de flujo turbulento que modifican las ecuaciones de Navier-Stokes (por ejemplo, que usan los valores medios de la aceleración a lo largo

Torbellinos en las puntas de las alas
Cuando las puntas de las alas cortan el aire, causan turbulencias, que se hacen visibles en las estelas cuando la caída de la presión del aire hace que se condense el vapor de agua contenido en él.

del tiempo para reducir el impacto de las variaciones), o modelos numéricos de su comportamiento, pero no sirven para obtener resultados en un caso específico de turbulencia. Sí son útiles para comprender lo que ocurre en el caso de una turbulencia en el corazón.

Los llamados soplos cardíacos suelen ser turbulencias del flujo sanguíneo en el corazón, por ejemplo, cuando una válvula cardíaca está ligeramente deformada, y el flujo sanguíneo a su alrededor ya no es regular; sus consecuencias son remolinos y corrientes que oye el propio paciente o que se escuchan mediante una auscultación.

Maravillas en las puntas de las alas
Volvamos a la aviación para un tercer ejemplo de turbulencia. A menudo, un avión llega al extremo de la pista listo para despegar, pero, para frustración de los pasajeros, y sin una razón obvia, espera uno o dos minutos antes de hacerlo. El avión anterior ya ha partido, pero todavía debe hacer una pausa. Lo más probable es que el avión que acaba de despegar haya dejado una forma de turbulencia que podría hacer que el despegue del siguiente avión fuera peligrosamente inestable, por lo hay que esperar.

Esta turbulencia se origina cuando las puntas de las alas cortan el aire. Al moverse a gran velocidad, estas, relativamente estrechas, ejercen una fuerte presión sobre una sección localizada del aire delante de ellas, y crean poderosas fuerzas de cizallamiento, que generan turbulencias locales que se manifiestan como torbellinos, espirales giratorias de aire que se van difuminando y que salen de las puntas de las alas. En consecuencia, los aviones modernos suelen incorporarles elementos tecnológicos para minimizar estos efectos.

En algunos casos, la turbulencia se reduce con el uso de dispositivos de punta alar que son pequeñas extensiones en forma de aleta sobre las puntas de las alas (*winglets*). («Pequeñas» es relativo; en un gran avión de pasajeros son más altas que una persona). El *winglet* corta el torbellino y lo rompe antes de que se pueda formar del todo. Su objetivo específico no es reducir los tiempos de espera en la pista, sino reducir los torbellinos que oponen resistencia al avance del ala (adicionalmente, aumentan la sustentación). Los aviones grandes y modernos, sin estos aditamentos, tienen una forma especial del perfil exterior del ala para romper los torbellinos.

La comprensión del caos nos ayuda en el caso de las turbulencias en la punta de las alas, con algo que queremos que vuele, pero existen otros posibles hechos más siniestros en los que también nos puede ser útil el estudio del caos.

Reducción de las turbulencias con los dispositivos de punta alar (*winglets*)

Comparación de la interacción de las puntas de las alas con el aire, con y sin *winglets*. Estos (representados a la derecha) reducen notablemente su capacidad de generar turbulencias,

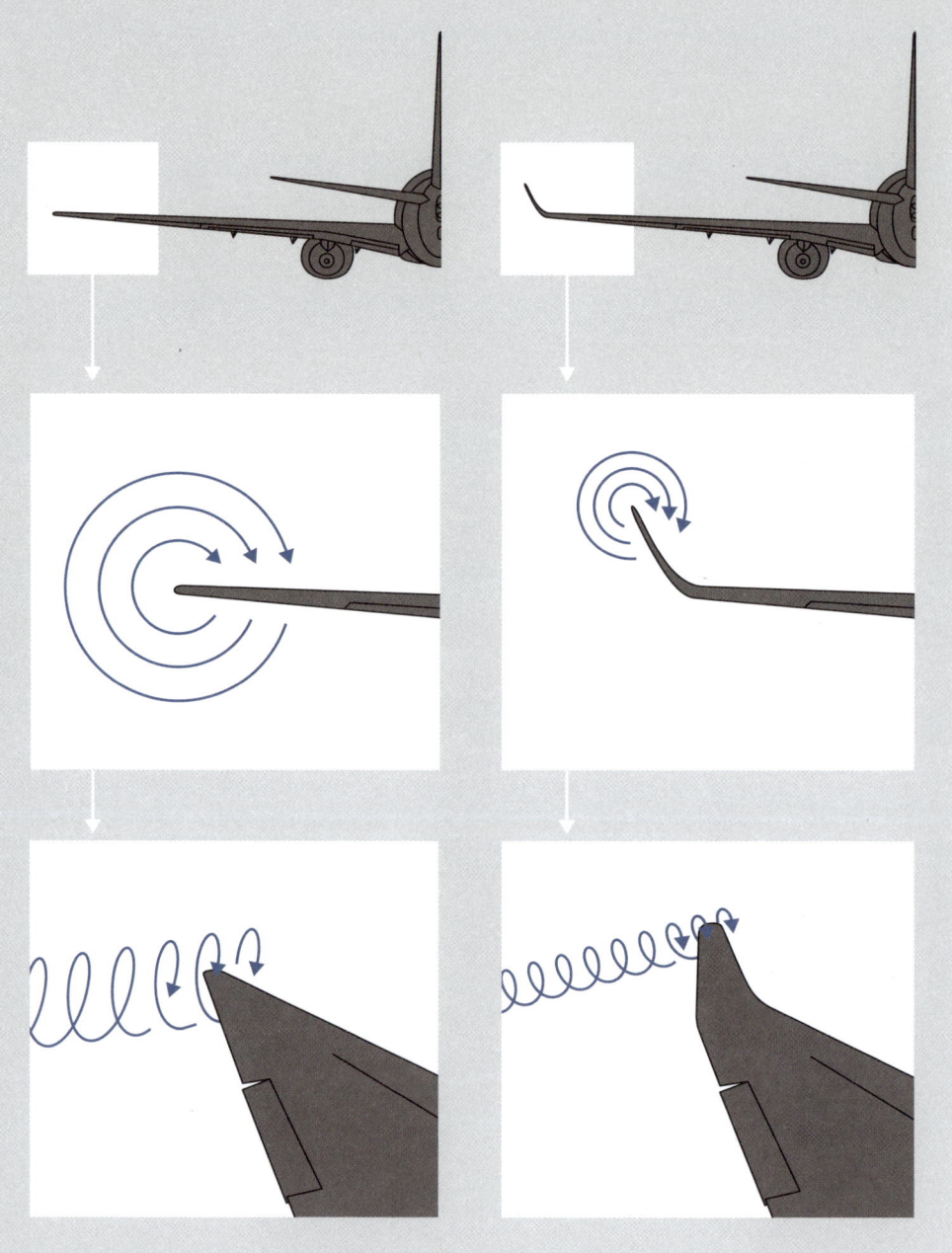

Peligro del cielo

«Ahora cabe preguntarse si podemos
entender por qué los cometas auguran
la muerte de los magnates y el estallido
de las guerras venideras, ya que así lo
dicen los autores de filosofía».
Alberto Magno, h. 1200–1280

Muerte a los dinosaurios

La existencia de los seres humanos se debe (en parte)
a un suceso catastrófico que ocurrió hace unos 65 millones
de años, determinado por el caos. Una gran masa rocosa de
unos 10 km de ancho (las estimaciones sobre el tamaño varían)
impactó en la península de Yucatán frente al golfo de México
a una velocidad de unos 20 km por segundo. La cantidad
de energía que se liberó en la colisión fue enorme, alrededor de
cinco mil millones de veces la energía producida por la bomba
atómica que Estados Unidos lanzó sobre Hiroshima durante
la Segunda Guerra Mundial. Se extinguió la vida en cientos de
kilómetros alrededor del lugar de la colisión, pero, lo que es más
importante, la inmensa nube de ceniza y polvo que se levantó
como consecuencia del impacto debió opacar la atmósfera durante
años, lo que enfrió el planeta y acabó con la vida de los dinosaurios,
lo que contribuyó a que prosperaran nuestros ancestros mamíferos
con mayor capacidad de adaptación.

No era la primera vez que la Tierra recibía el impacto de asteroides
o cometas, ni será la última, pero nunca de tal magnitud. Es difícil
ver sus huellas en la Tierra, debido a que la actividad tectónica,
los océanos y los organismos vivos tienden a modificar la superficie
y a ocultar los restos de las colisiones. El cráter Chicxulub, que

La cicatrizada superficie de la Luna
Al carecer de actividad tectónica, de océanos y de la acción de los organismos vivos, la Luna conserva en forma de cráteres las huellas de los impactos de un modo mucho más evidente que la Tierra.

se produjo en el golfo de México, de unos 200 km de diámetro, no fue detectado hasta 1978, durante una prospección petrolera, ya que estaba muy camuflado. Sin embargo, en la Luna, donde tienden a ser visibles las consecuencias de los impactos, se pueden observar los resultados de miles de millones de años de colisiones con cuerpos procedentes del espacio.

En la historia de la que tenemos registros se han producido colisiones con cuerpos extraterrestres relativamente pequeños. Quizás el más famoso sea el meteorito, que es posible que fuera parte de un cometa, que explotó sobre el valle del río Tunguska en Rusia, en 1908. Afortunadamente, esta región estaba poco poblada; se estima que el objeto tenía más de 45 metros de diámetro y aplastó los árboles en un radio de 30 km. El caso más espectacular de la historia reciente sucedió también en Rusia: el meteoro que explotó cerca de Chelyabinsk en 2013. Este fue bastante más pequeño y se desintegró en la atmósfera, pero aun así generó la energía de un arma nuclear de tamaño medio.

No podemos decir cuándo, pero, en el futuro, se producirán otras colisiones catastróficas.

Alerta entrante

Los dinosaurios no tuvieron ninguna oportunidad de prepararse contra el impacto. Nosotros podemos hacerlo gracias a que tenemos conocimientos de la física y a los telescopios de gran alcance. Sin embargo, ahí está el caos dispuesto a garantizar que no resulte fácil. Como ya hemos visto, la interacción de solo tres cuerpos genera un problema gravitatorio que no podemos resolver con precisión. Cuando se detecta un cuerpo que potencialmente puede colisionar con nosotros y se mueve en nuestra dirección, es posible determinar su trayectoria, pero solo hasta cierto punto. Por ejemplo, un asteroide que se encuentra en una órbita aparentemente segura en el cinturón entre Marte y Júpiter está sometido a la influencia de los otros asteroides que lo rodean y del Sol, así como a la del cercano Júpiter. La atracción gravitatoria del planeta gigante puede introducir cambios graduales en la órbita de un asteroide, lo que lo puede enviar finalmente en una dirección totalmente diferente. Y al intentar predecir el resultado futuro de esos cambios, chocamos con las dificultades impuestas por el caos.

Más complicado es el caso de los cometas, que no tienen órbitas planetarias simples que los mantengan en una región particular del

Asteroides en el sistema solar

En el sistema solar abundan los asteroides en dos localizaciones: una es el cinturón entre Marte y Júpiter, y la otra, la constituida por los llamados asteroides troyanos que se mantienen en la órbita de Júpiter debido a la interacción entre el Sol y el campo gravitatorio del planeta.

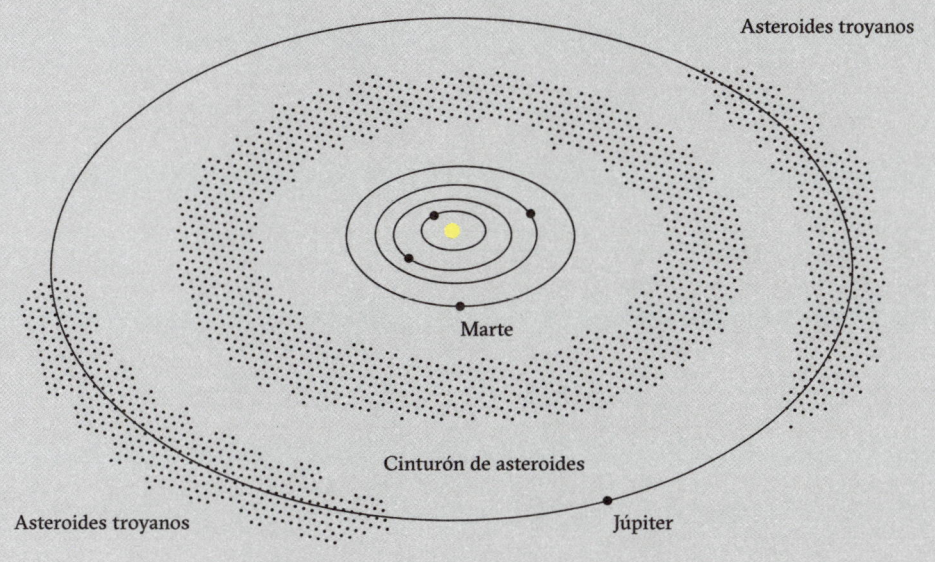

Asteroides troyanos

Marte

Cinturón de asteroides

Asteroides troyanos

Júpiter

→

Asteroides potencialmente peligrosos
Órbitas de más de 1400 asteroides, identificadas en 2013, que tienen, por lo menos, 140 metros de diámetro, con órbitas que pasan por hasta 7,5 millones de kilómetros de la Tierra.

sistema solar. Se acercan al Sol procedentes de regiones mucho más alejadas de los planetas principales, y pasan, posiblemente, por regiones con cuerpos de gran masa, que pueden introducir cambios drásticos en sus alargadas órbitas. Para que las cosas sean aún más caóticas, los cometas pueden crear sus propios motores cohete. A medida que los calienta el Sol, parte del agua y otros materiales volátiles que los componen pueden evaporarse con violencia, expulsando chorros de gas y polvo que actúan como tales y que empujan al cometa fuera de su curso.

Desde luego, en la mayoría de los casos, podemos predecir las órbitas de los cometas recurrentes con mucha anticipación. Es famoso el caso de Edmond Halley, contemporáneo de Newton, que predijo con éxito el regreso del cometa que lleva su nombre, aunque no volvió a ser visible hasta después de su muerte. Sin embargo, otros cometas pueden, después de muchas órbitas relativamente estables, moverse ligeramente en una dirección y desviarse de repente de su curso.

Como siempre ocurre con las matemáticas del caos, saber que un sistema es caótico no nos proporciona por arte de magia un mecanismo para resolver las ecuaciones y darnos una predicción precisa de lo que va a suceder. Sin embargo, el mismo tipo de pronósticos combinados utilizado con tan buen resultado para mejorar los pronósticos meteorológicos se puede utilizar también para asignar probabilidades a las diferentes trayectorias de asteroides y cometas potencialmente peligrosos. Por lo menos, esta es la situación si sabemos que existe la posibilidad de que un colisionador se acerque demasiado a la órbita de la Tierra.

Spaceguard

Afortunadamente, existe una serie de organizaciones y observatorios independientes que participan en el programa Spaceguard (un claro caso de que la realidad imita al arte, ya que toma su nombre de la organización de protección contra colisiones de asteroides de la novela de ciencia ficción *Cita con Rama,* de Arthur C. Clarke, de 1973). Spaceguard es el resultado de una colaboración internacional, encabezada por Estados Unidos, que vigila los cielos en busca de cuerpos entrantes que se puedan convertir en «objetos cercanos a la Tierra», aquellos que están lo suficientemente próximos como para representar un riesgo de colisión significativo.

Uno de los sistemas que forman parte de Spaceguard, el Panoramic Survey Telescope and Rapid Response System, con base en Maui

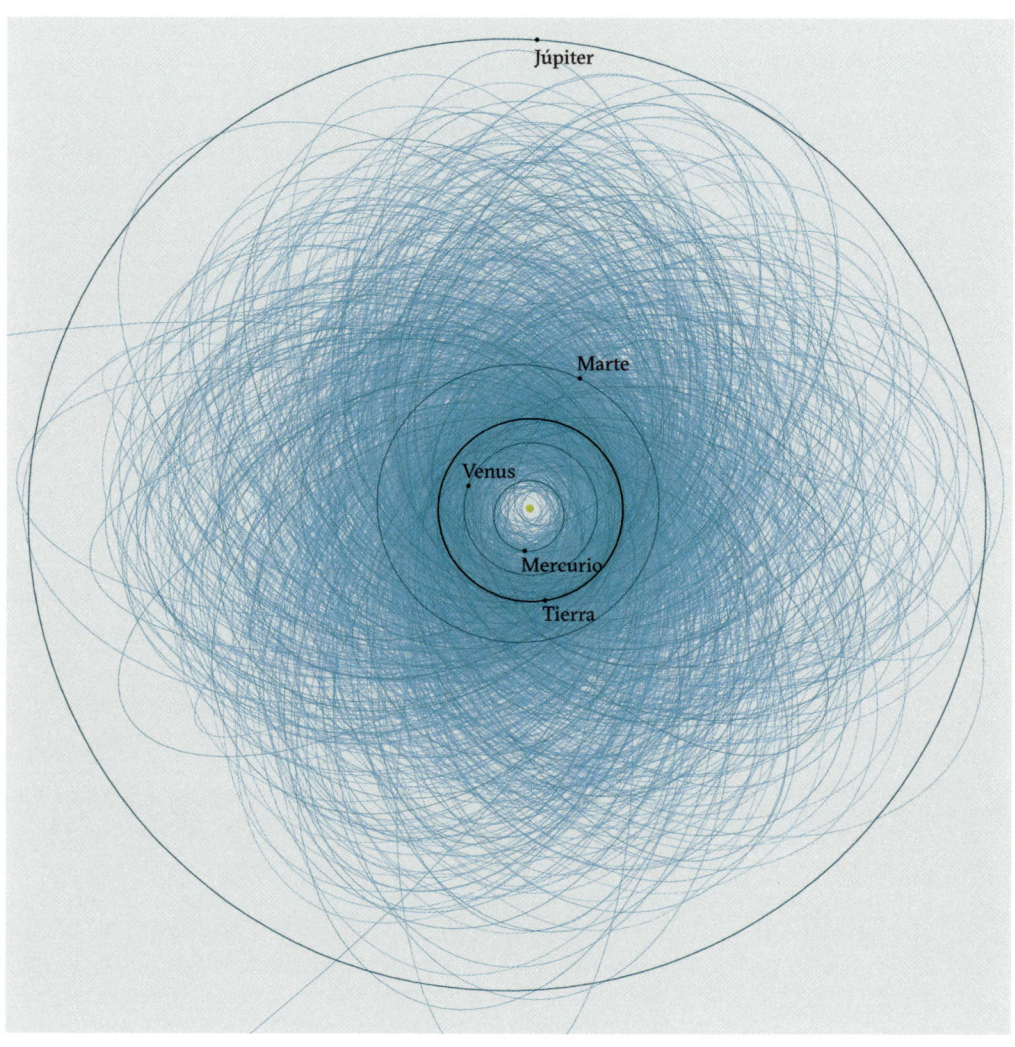

en Hawái, detectó en 2017 el extraño objeto interestelar con forma de cigarro, el 'Oumuamua, que iba a pasar alrededor del Sol, aunque nunca se acercó a una órbita que presentara un riesgo de colisión. Debido a su forma, se especuló que 'Oumuamua podría ser algún tipo de nave espacial, pero nada en su comportamiento, rastreado a lo largo de su paso, sugirió que fuera algo más que un cuerpo espacial.

Aunque no puede determinar con absoluta certeza la trayectoria de un objeto entrante cuando se observa por primera vez, lo que pretende Spaceguard es que todas las naciones reciban una alerta con la suficiente anticipación para emprender algún tipo de intervención si el riesgo alcanzara un nivel tal que la justificara. La naturaleza de esta intervención podría ser lanzar una sonda de alta velocidad que chocara con el objeto o colocar motores en el cuerpo entrante para cambiar ligeramente su ruta o incluso utilizar bombas para romperlo, aunque esta última alternativa sería particularmente arriesgada ya que, de no ser muy precisa, los restos del asteroide o cometa aún podrían impactar con la Tierra y causar graves daños. La NASA está trabajando en la prueba de una nave espacial de intercepción de asteroides llamada DART, destinada a utilizar el impacto para cambiar la órbita de un asteroide cercano a la Tierra llamado Didymos.

Es natural suponer que un modo de cambiar la trayectoria del objeto a través del espacio sería moverlo lateralmente en su curso, pero, de hecho, generalmente la magnitud del cambio requerido es menor si se ralentiza o acelera el potencial objeto colisionador. Hay que tener en cuenta que la Tierra no es un objetivo estacionario. Nuestro planeta se mueve a gran velocidad a través del espacio, a unos 107 000 kilómetros por hora con respecto al Sol. Si un objeto entrante está en rumbo de colisión con la Tierra, pero llega un poco tarde o un poco más pronto, cuando se aproxime a la Tierra, esta ya no estará en su ruta.

Aunque el caos se interpone en el camino para que Spaceguard nos mantenga totalmente a salvo, el conocimiento de que tratamos con un sistema potencialmente caótico nos permite estar preparados. Sin embargo, hay otro aspecto del caos en el que los problemas que presenta un sistema caótico se convierten en ventajas: cuando el caos se puede emplear en el importante negocio de la criptografía.

Secretos caóticos

«En el infinito libro de los secretos de
la naturaleza, puedo leer un poco».
William Shakespeare, 1564–1616

Ocultar un mensaje

Desde que se empezó a escribir la información, se han buscado
sistemas para esconderla a ojos indiscretos. En términos generales,
existen tres mecanismos para hacerlo: camuflar el mensaje, a veces
a plena vista, pero de modo que solo los que saben dónde
encontrarlo lo puedan leer; utilizar un código en el que las
palabras o las frases tengan un significado totalmente diferente
al del uso normal, o utilizar el cifrado, en el que los componentes
de un mensaje (por lo general, aunque no siempre, las letras u
otros caracteres) se sustituyen por otros caracteres equivalentes
siguiendo un conjunto de reglas matemáticas predeterminadas.

Uno de los métodos más antiguos sigue el primer enfoque, y
todavía puede ser uno de los más efectivos, ya que no existe un
mensaje obvio. Otro también antiguo (aunque lento) era afeitar
la cabeza de un mensajero, escribir el mensaje en ella y esperar
a que le creciera el pelo, con lo que el mensaje quedaba oculto
hasta que se afeitara de nuevo. Un enfoque más rápido es
disponer una serie de libros en una estantería en un orden tal
que determinadas letras en los lomos reproduzcan el mensaje.
Si no se sabe que los libros lo contienen, es prácticamente
imposible descubrir el mensaje que transmiten.

A	B	C	D	E	F	G	H	I	K	L	M	N	O	P	Q	R	S	T	V	X	Y	Z	W	EA	OO	SH	TH	ST	YE	CT	AV	EV	FF	ET	OV

(alphabet substitution rows of cipher symbols)

Nulles.

Ianuary · Februarie · Marche · Aprile · Maye · June · Julye · August. · Septeber. · October. · Nouember · December. · Ponds · Angels · Crownes · Ducats

This note, l. shall alwayes double the Caractere, l. preceding the same.

This □ for the punctuing. This ⱱ for Parentheses. This ꝭ to exalt his precedent of periodes & Sentences

(names)	(names)	(places)	(words)	(words)	(words)	
The Pope	the Earle of Arundel	the E: of Angeus	Madame	waye	yow	for
The King of france	the Earle of Oxforde	the E: of Atholl	Maiestie	receaue	your	to
the K. of Spane	the Earle of Sussex	the E: of Ergyle	your Maiestie	day	with	wi
the Emptrour	the Earle of Northumberl	the E: of Arran	My good brother	sent	which	wa
the K. of Demark	the E: of Leycester	the E: of Gorry	My Lord	send	what	wh
the Q. of England	the Lo: H: Haward	the E: of Huntly	Maister	affect	wher	we
the Q. of Scotland	the E: of Shrewesbury	the L: of Glasgo	I pray yow	counsell	Saue	we
the Q. of france	the E: of Huntington	the Sp: Ambassadour	most	seruice	had	
the Q. mother in france	the Lo: gret Treasurer	the lord Seton	ernestly	support	hath	Lo
the K. of Nauarre	Sr xpiofer Hutton	Italie	thanke	religion	shall	se
the Q. of Nauarre	the lord Cobham	Englande	humbly	catholik	self	
the Pr. of Scotland	the lord Hunsdon	france	humble	practise	that	
the Duke of Aniou	the E: of westmerl:	Spane	comand	vnderst	the	
the Imperatrix	the E: of Bedford	Scotland	frende	cause	this	
the Duke of Saueye	Wm walsingham	Ireland	matter	diligence	from	
the Duke of florence	the Comtesse of Shrew	flanders	Intelligence	faithfull	him	
the Duke of Louraine	the lord Talbot	the lowe cuntryes	affaire	warre	his	
the Duke of Guyse	the lord Ph: Haward	Rome	dispatche	soldiers	her	
the Prince of Orage	Sr wil: Cecil	London	pachet	money	any	
the Duke of Mayne	the lord Scroope	Paris	Letter	munitions	may	
the Duchesse of Parma	the E: of Hartford	Edenburghe	answer	armour	of	
the Prince of Parma	his eldest Sonne	Barwick	bearar	heaven	me	
the Card: Granuelle	his second Sonne	Tynmouthe	wryts	castel	my	
the Duke of Alua	the erle of Darby	Sheffield	secret	Shippes	to	
the Duke of Lenox	the lord Strange	the Toure of london	aduise	Crowne	by	
Mons. de Mauuissiere	Charles Arundel	the bushp of Rosse	aduertis			

Cifrado de la reina María
El cifrado utilizado por María, reina de Escocia, mientras estuvo encerrada en una prisión (h. 1586), combina sustituciones simples con símbolos especiales para las palabras más comunes y «símbolos nulos», que no contienen información, lo que aumenta la confusión.

A menudo, los militares y los servicios de inteligencia han utilizado códigos cuando hay que comunicar relativamente pocos conceptos simples. Por ejemplo, la palabra HOLA podría aparecer en un libro de códigos con el significado de «Reunirse en el Pepe Bar de Bilbao el viernes a las 20:00 horas». Una frase con la palabra HOLA no tiene otro significado que el literal: sin el libro de códigos, el mensaje es indescifrable. La puede leer cualquiera y, sin él, no puede interpretarse, aunque todos entiendan su contenido. El único riesgo es que una copia del libro de códigos caiga en malas manos, y revele su significado.

Por su parte, los cifrados no precisan de un libro de códigos, ya que consisten simplemente en un conjunto de reglas. Lo único necesario es que el remitente y el receptor acuerden cuáles son esas reglas. La forma más simple es la sustitución mediante un desplazamiento fijo del alfabeto, el llamado cifrado César. Si, por ejemplo, la regla es avanzar dos letras, la palabra HOLA se convierte en JQNC. Los cifrados simples como este son muy fáciles de descifrar. Los más sofisticados utilizan una clave, a menudo una palabra o frase, que se «añade» al mensaje utilizando el valor numérico de cada letra. Entonces, por ejemplo, si la clave fuera COMPLEJA, agregaríamos 3 (C) a la H de HOLA, convirtiéndola en K, 15 (O) en O, convirtiéndola en C, y así sucesivamente. Esto significa además que las letras iguales consecutivas no se cifran con el mismo valor.

El mejor cifrado es un bloc de notas de un solo uso, donde la clave se usa únicamente una vez, y consiste en un conjunto de caracteres totalmente aleatorios. Esto significa que el mensaje cifrado también lo es, lo que hace imposible romper el cifrado mediante métodos convencionales. El problema aquí es que la clave aleatoria debe distribuirse tanto al remitente como al receptor del mensaje, y puede ser interceptada.

Una clave caótica

El cifrado actual que se utiliza en internet soluciona este problema mediante el uso de un sistema de encriptado público-privado. Este es un tipo especial de cifrado en el que se utilizan claves diferentes para cifrar y descifrar un mensaje. Si una persona quiere enviar un mensaje a un determinado destinatario puede utilizar la clave pública de este, a la que puede acceder cualquiera, pero solo el destinatario es poseedor de la clave de descifrado, por lo que solo él puede leer el mensaje. Este método es relativamente frágil, pero si la clave privada es lo suficientemente grande, es tan difícil de romper matemáticamente que las computadoras por lo general tardarían siglos en descifrar un mensaje sin disponer de esa clave. Sin embargo, cada día se emplea con mayor frecuencia el cifrado que utiliza valores verdaderamente aleatorios de la física cuántica para generar claves en las dos ubicaciones de manera simultánea, aunque su uso todavía no se ha generalizado.

La obtención de métodos de encriptado fáciles de usar, pero difíciles de romper, es objeto de constantes esfuerzos, ya que las nuevas tecnologías siguen facilitando la ruptura de los existentes. Desde alrededor de 1989 se han multiplicado los intentos de utilizar la imprevisibilidad del caos para crear un método de encriptado. En algunos casos, se ha intentado imitar el modo en que salta un sistema caótico para crear números pseudoaleatorios (que se convierten en la clave) y que son lo suficientemente irreproducibles para actuar como contraseña de un solo uso.

La gran ventaja de usar la función caótica de esta manera frente a un bloc de notas de un solo uso tradicional es que, en lugar de tener que obtener la clave larga y completa tanto para el remitente como para el receptor, todo lo que se necesitaría serían los detalles de la función, el procedimiento utilizado, que por sí solo sería inútil, y un puñado de parámetros que establecen los valores iniciales de la función. Sin esos valores iniciales sería casi imposible reproducir la secuencia producida. Normalmente, el resultado sería una larga cadena de números entre 0 y 1 que se utiliza como clave, tomando, por ejemplo, los dígitos más a la derecha de cada número, que es producido a su vez por la función caótica.

Aunque estos números parecen estar muy cerca de ser verdaderamente aleatorios, y cuanto más decimales se usen, más difícil será descifrar el sistema, existen dudas sobre la seguridad definitiva de este enfoque y el tiempo que lleva procesar los números para cifrar y descifrar un mensaje: el proceso tiende a ser bastante lento y requiere mucho cálculo. Otro problema es que los métodos desarrollados para el cifrado caótico a menudo han sido ideados por matemáticos o físicos que no tienen la experiencia para comprobar de forma fehaciente la solidez del encriptado. A veces, cuando los especialistas en criptografía tienen en sus manos el resultado, pueden acceder fácilmente al mensaje.

Un ámbito en el que ha existido un interés particular en utilizar el caos con este propósito es el encriptado de imágenes. Un buen sistema requiere una clave extremadamente grande y, con métodos caóticos, se puede generar una clave de cualquier longitud deseada a partir de una cantidad relativamente pequeña de información. Las imágenes se suelen encriptar cambiando aleatoriamente los valores que especifican el color de cada píxel o intercambiando píxeles con posiciones relativas aleatorias. En ambos casos, se ha propuesto una serie de algoritmos caóticos para generar cambios pseudoaleatorios apropiados, pero una vez más, los expertos en criptografía a menudo pueden romperlos. No hay duda de que el caos podría proporcionar un encriptado excelente; el problema parece estar en asegurar que cualquier enfoque particular sea lo suficientemente seguro. Las matemáticas necesarias para comprobarlo tropiezan con los problemas habituales que presenta el caos.

Algoritmo
Serie de instrucciones lógicas para realizar una tarea. Por lo general, aunque no siempre, tiene forma de programa informático.

Caos en el tráfico

«La causa de las congestiones de tráfico
son los vehículos, no las personas».
Jane Jacobs, 1916–2006

No tiene sentido

Cualquiera que conduzca con regularidad habrá sufrido la frustrante falta de lógica e imprevisibilidad de las congestiones de tráfico. Es posible que permanezca parado en un atasco de la autopista durante un largo período; sin embargo, una vez que el tráfico comienza a moverse, no es posible encontrar ninguna causa que lo haya podido ocasionar. Y cuando el tráfico se mueve lentamente, en forma de parada y arranque, parece casi inevitable que el carril en el que se encuentre sea el más lento.

Este último efecto es puramente psicológico y se hacer notar más si avanza entre otros dos carriles. Esto se debe a que uno registra el movimiento de los otros automóviles que avanzan significativamente más que su propio carril, un efecto que se amplifica cuando hay al menos dos grupos de tráfico, cada uno con la posibilidad de moverse más rápido que el propio. No ayuda el hecho de que, si uno de los otros carriles está bloqueado, parecerá que se mueve más rápido que el propio, ya que todo el tráfico de ese carril tendrá que entrar en el suyo en algún momento.

De todos modos, la forma en que se forman los atascos en el tráfico denso es realmente difícil de predecir y analizar porque

→
Atasco de tráfico
Un embotellamiento en la autovía en el Long Beach Boulevard, en Commerce, California.

su estructura se vuelve caótica. En muchos sentidos, el flujo del tráfico por una carretera es similar al de un fluido que se desplaza por una tubería. En circunstancias normales, el flujo es laminar (en capas), pero puede sufrir una forma de turbulencia de modo que, tomado como sistema completo, se vuelve caótico y, como resultado, se producen cambios repentinos en la velocidad, lo que provoca atascos cuando los conductores reaccionan de forma exagerada enviando ondas de desaceleración hacia atrás.

Mariposas sobre ruedas

Una de las implicaciones de la naturaleza caótica que se puede presentar en el flujo del tráfico es una especie de efecto mariposa. Es posible que un solo automovilista haga un movimiento inesperado como, por ejemplo, cambiar rápida y súbitamente de carril, lo que provoca que los vehículos que lo rodean frenen o se desvíen. Sus luces de freno hacen que los automovilistas que vienen detrás también frenen, lo que provoca una onda de desaceleración que se propaga rápidamente a través del tráfico.

La capacidad de los conductores para responder con rapidez a las señales, aunque es esencial en aras de una conducción segura, aporta una complejidad adicional al comportamiento normal del tráfico y aumenta la probabilidad de que se convierta en caótico. Provoca que el flujo del tráfico se asemeje al de un fluido no newtoniano que se vuelve mucho más espeso e incluso puede llegar a solidificarse bajo presión, como las natillas en polvo o el almidón de maíz mezclado con agua. Al igual que esos fluidos, cuando un grupo de automóviles se aproximan mucho unos a otros tienden a «espesarse», lo que ralentiza el flujo por la carretera. Por esta razón, y contrariamente a lo que nos dice la intuición, es posible que puedan pasar más automóviles por un tramo concreto de la carretera si viajan a una velocidad lenta y constante, que cuando lo hacen a más velocidad, pero con frenadas frecuentes.

Desafortunadamente, la naturaleza de la gestión del tráfico en tiempo real significa, por lo general, que no se disponga del tiempo necesario para enfocarla con el método de pronóstico combinado que se usa en meteorología; saber que se está produciendo un comportamiento caótico no es necesariamente de gran ayuda para intentar desbloquear un atasco; por ello se tienden a utilizar enfoques más *ad hoc*. Sin embargo, dado que las escalas de tiempo son significativamente más largas, el conocimiento de un componente caótico ha demostrado ser muy útil cuando se tratan los números de la población animal.

Fluidos no newtonianos
Newton partió de la premisa de que la viscosidad (resistencia a fluir) de los líquidos se mantenía constante bajo presión. Sin embargo, algunos fluidos, como la pintura que no gotea y el kétchup, pierden viscosidad bajo presión, en tanto que otros, como las natillas, pueden llegar a solidificarse.

Pánicos de la población

«Cuando no lo impide ningún obstáculo, la
población crece en una progresión geométrica.
Los medios de subsistencia, en las circunstancias
más favorables, aumentan en una progresión
aritmética. Un ligero conocimiento de los
números mostrará la enormidad del primer
poder comparado con el segundo».
Thomas Malthus, 1766–1834

Los conejos de Fibonacci

En la naturaleza se presenta a menudo una secuencia de números
conocida como la serie de Fibonacci. Empieza con un par de
unos, y cada número subsiguiente se obtiene sumando los dos
números anteriores: 1, 1, 2, 3, 5, 8, 13, 21, 34, 55... La primera
mención conocida de esta intrigante progresión aparece en un
texto matemático indio de antes del 200 a. C., pero fue Leonardo
de Pisa, un matemático italiano del siglo XIII, más conocido como
Fibonacci (una contracción de «hijo de Bonacci» en italiano), quien
la dio a conocer al mundo occidental.

Fibonacci escribió el *Liber Abaci* (*El libro del cálculo*) en 1202, y
en él trataba sobre la serie que acabaría siendo bautizada con su
nombre. Sin embargo, su objetivo principal al escribir este libro fue
introducir en Europa diversos aspectos de las matemáticas árabes,
incluido el uso de los símbolos numéricos de origen indio que
ahora conocemos como números arábigos. Esta no era la primera
vez que se daba a conocer en el mundo occidental esta gran
mejora en comparación con los números romanos, pero el libro de
Fibonacci se publicó en el momento adecuado para convertirse en
el detonador de su uso generalizado. Sin embargo, desde nuestro

Los conejos de Fibonacci
En el diagrama, los conejos grises son crías y los negros son parejas en condiciones de procrear.

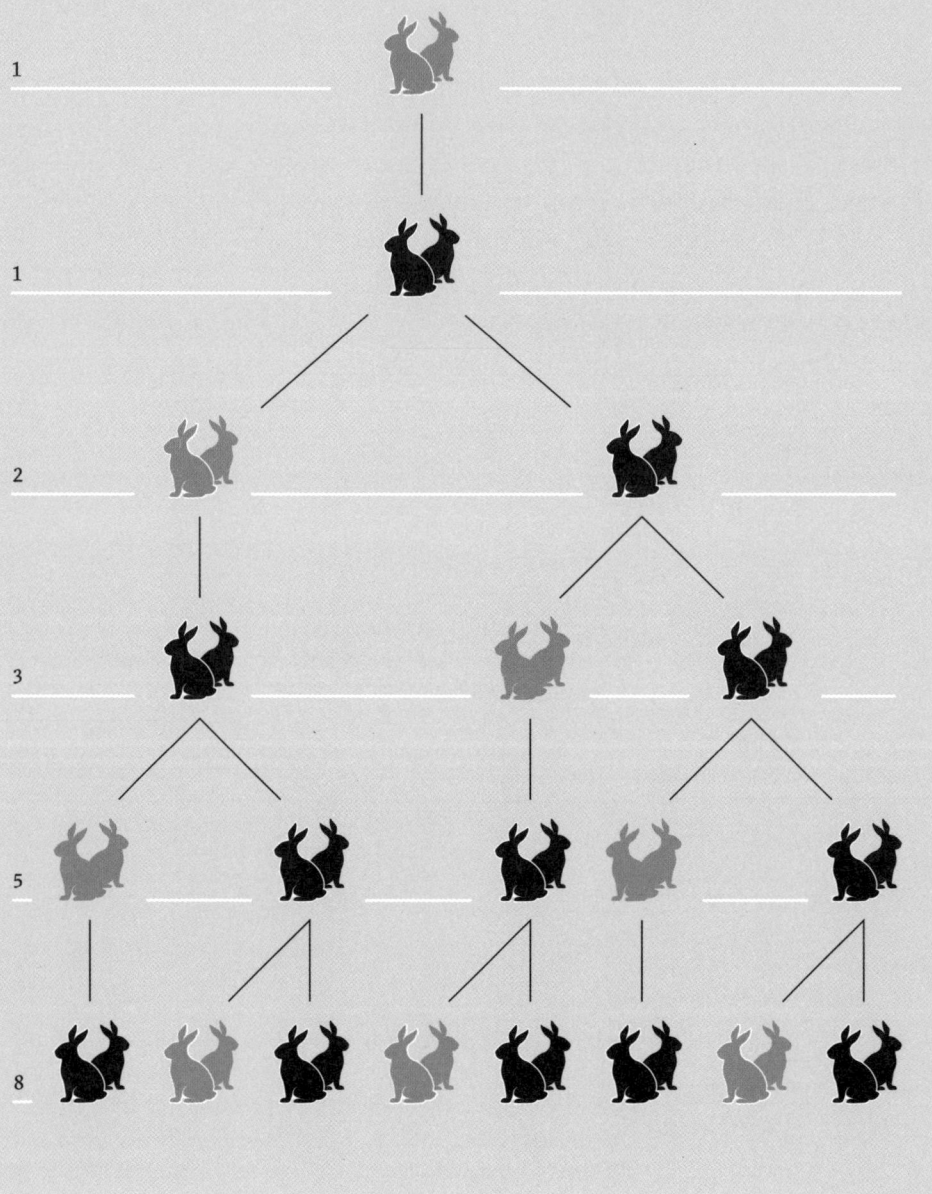

punto de vista, el contenido más trascendental en *Liber Abaci* es el análisis que hace Fibonacci de un conjunto muy simple de conejos reproductores.

Fibonacci hizo uso de un modelo básico de población, comenzando con un par de conejos recién nacidos. En su modelo, los conejos tardan un mes en alcanzar la madurez sexual y cada pareja de conejos adultos produce una pareja (un macho y una hembra) al cabo de un mes. Continúan haciéndolo después de cada mes transcurrido. No muere ningún conejo. Al comienzo del cálculo, hay un par de crías. Al final del primer mes, esa pareja original está formada por conejos adultos, pero no tienen descendencia. Un mes después, llegan sus primeras crías y ahora hay dos parejas de conejos. Al final del tercer mes, la primera pareja vuelve a producir una pareja y la segunda madura. Ahora hay tres parejas: dos de adultos y una de crías. Al final del cuarto mes, las dos parejas adultas tienen descendencia y la tercera pareja madura. Hay, pues, cinco parejas: tres de adultos y dos de crías. Hasta ahora, la serie es 1, 1, 2, 3, 5... y así continúa en el buen estilo de Fibonacci.

Los conejos reales

La serie de Fibonacci aparece con regularidad en configuraciones biológicas de la naturaleza como, por ejemplo, en las ramas de los árboles, en la disposición de las hojas en el tallo y en la configuración de flores y semillas de las plantas, debido a la forma secuencial de su crecimiento. Pero en la práctica, donde realmente no aparece es en las poblaciones de animales. Esto se debe, en parte, a que las poblaciones, en poco tiempo, se harían incontrolablemente grandes: la serie es indefinida, crece cada vez más rápido y tiende a infinito. Por una parte, en el modelo no muere ningún animal y, además. el crecimiento descontrolado de la población tampoco es realista, ya que las interacciones entre los animales y entre ellos y su entorno son mucho más complejas de lo que propone la serie.

Teniendo en cuenta estos factores, se asumió durante mucho tiempo que la población se comportaría de una manera razonable. Aparte de las influencias drásticas (incidentes climáticos, brotes de enfermedades y otros similares), se esperaba que la población creciese ampliamente hasta alcanzar un nivel asumible por el medio ambiente y que luego se estabilizaría en algo parecido al equilibrio. Pero como ya insinuamos antes, en la década de 1970 el científico australiano Robert May se dio cuenta de que sucedía algo extraño cuando la tasa de crecimiento de una población de un período medido al siguiente alcanza un determinado nivel.

Con tasas de crecimiento relativamente pequeñas, las cosas ocurren como se espera. La población aumenta gradualmente hasta que alcanza lo que se conoce como «capacidad de carga» o «capacidad de sustentación», que es el tamaño máximo de la población de una especie que un entorno concreto puede asumir indefinidamente. El matemático belga Pierre-François Verhulst propuso en 1838 una ecuación relativamente simple que describe este proceso, pero May descubrió que, si la tasa de crecimiento de la población llega a 3 o más durante el período medido, ocurre algo extraño. En lugar de crecer de manera constante hasta estabilizarse el número de animales oscila, y salta de un período a otro, de un valor alto a uno bajo. May constató que, al aumentar gradualmente la tasa de crecimiento, los valores pasaban de esta división única en dos valores, conocida como bifurcación, a variaciones de entre cuatro, ocho y más posibilidades. Era algo parecido al período de duplicación del grifo que gotea (*véase* página 117), y con una tasa de crecimiento de poco menos de 3,57, los resultados parecían producirse de una forma totalmente aleatoria. Era un comportamiento caótico clásico. (De hecho, en un artículo escrito por los matemáticos estadounidenses James Yorke y Tien-Yien Li, en el que se describe el efecto de May, se utilizó por primera vez el término «caos» en el sentido matemático).

Esta tendencia a entrar en el caos, que en este caso se debe a las interacciones de los diferentes factores que influyen en el tamaño de la población, debe tenerse en cuenta por parte de los científicos que analizan el campo de la dinámica de poblaciones, que estudia tales cambios para un determinado organismo en un entorno particular. Como de costumbre, las matemáticas del caos no nos permiten hacer predicciones específicas y precisas de lo que va a suceder; al contrario, dejan bien claro que esto es imposible, pero lo que sí significan, por ejemplo, es que cuando los números de una población se desploman repentina e inesperadamente, es importante no asumir que ese hecho se deba solo a un impacto externo nuevo y drástico; podría ser fácilmente el caos en acción. Las probabilidades se pueden aplicar al crecimiento con la introducción en la modelización de una gran cantidad de pequeñas diferencias en las condiciones iniciales.

El caos poblacional es un factor regular presente en la vida normal, pero solo hemos descubierto el último ejemplo del caos en acción al llevar la tecnología a sus límites: el caos cuántico y su presencia en los dispositivos electrónicos.

Modelización
La modelización, una herramienta fundamental de la ciencia, consiste en la construcción de estructuras matemáticas que se comportan de una manera semejante a un fenómeno del mundo real. En la actualidad, los modelos se crean con computadoras y suelen emplear simulaciones en las que se toman muestras aleatorias de las distribuciones que representan la población objeto del estudio.

Caos cuántico

«A menudo se afirma que de todas
las teorías propuestas durante este
siglo, la más tonta es la cuántica.
De hecho, algunos dicen que lo único
que tiene la teoría cuántica es que es
incuestionablemente correcta».
Michio Kaku, 1947–

1 + 1 = 3

El mundo moderno no podría funcionar sin los dispositivos
electrónicos, ya sea el teléfono inteligente en su bolsillo o el
sistema informático que garantiza el abastecimiento de alimentos
en el supermercado. Damos la electrónica por sentada. Sin
embargo, los dispositivos electrónicos dependen por completo de la
física cuántica. Mientras que algunos aspectos extraños de la ciencia
y las matemáticas tienen muy poco impacto en la vida cotidiana, la
física cuántica, con su dependencia de la aleatoriedad, está siempre
presente. Se calcula que el 35 % del PIB de los países desarrollados
tiene una dependencia subyacente de la física cuántica.

Ya hemos visto que, en muchos aspectos, el mundo cuántico es
opuesto al caos. Ambos parecen ser intrínsecamente aleatorios,
pero mientras que el caos es en realidad determinístico,
aunque imposible de predecir bien, los efectos cuánticos son
probabilísticos, pero esas probabilidades pueden conocerse
con gran precisión. En términos generales, esperamos que los
dispositivos electrónicos se comporten siempre de la misma
manera, aunque en algunos aspectos esto es sorprendente.
Las partículas cuánticas pueden hacer (y hacen) cosas extrañas.

→
Visualización de la función de onda de un átomo de hidrógeno de Rydberg
La función de onda describe la probabilidad de encontrar un electrón en una posición determinada. En este caso, el electrón ha sido impulsado mucho más arriba de su nivel normal.

Es solo una cuestión de mayorías de, por ejemplo, una corriente de electrones lo que asegura que no tengamos computadoras que nos digan que *1 + 1 = 3*. Dicho esto, en algunos casos la física cuántica y el caos pueden unirse para producir resultados sorprendentes.

El caos a pequeña escala

La mayoría de los sistemas caóticos con los que estamos familiarizados son a «escala macro», de un tamaño que podemos ver y con el que es posible interactuar directamente. Sin embargo, toda la mecánica en la escala visible depende en última instancia de la física cuántica y hay circunstancias en las que los efectos caóticos son detectables en los procesos cuánticos.

Los campos más estudiados suelen estar relacionados con los espectros producidos cuando los electrones de los átomos cambian de nivel de energía. Cuando la materia se calienta suele cambiar de color (piense, por ejemplo, en un trozo de metal en una forja que va cambiando del rojo apagado al naranja, al amarillo y finalmente al blanco). Por efecto de este, los electrones en los átomos del metal pasan a niveles de energía más elevados, pero luego caen a un nivel más bajo. Cada vez que un electrón desciende a un nivel inferior de energía, emite la energía sobrante en forma de fotón que es el cuanto de energía luminosa. Sin embargo, cuando los electrones de algunos átomos impulsados a niveles inusualmente altos (los llamados átomos de Rydberg) se encuentran en un campo eléctrico, la producción de los espectros se vuelve caótica y ocurren resultados inesperados.

Esto se debe a que cuanto mayor es la energía de un electrón, tanto más se acerca a los niveles más altos que puede ocupar. En los niveles de energía altos, se convierte en casi un continuo, lo que puede hacer posible un comportamiento con los mismos resultados caóticos de la materia «normal». El comportamiento caótico también se puede presentar cuando los electrones se mueven a través de un conjunto de átomos; cuando interactúan con uno de ellos, pueden quedar atrapados temporalmente, y el tiempo que tarda en su recorrido parece ser caótico, cuando los posibles caminos para el electrón empiezan a dividirse, como en la «bifurcación» experimentada en algunos procesos caóticos.

El caos cuántico solo tiende a presentarse en circunstancias relativamente raras, por lo que es muy poco probable que tenga un efecto en el funcionamiento de su teléfono inteligente. Pero en el próximo capítulo veremos un panorama más amplio que surge de una comprensión del caos que puede producir un resultado muy diferente: la complejidad.

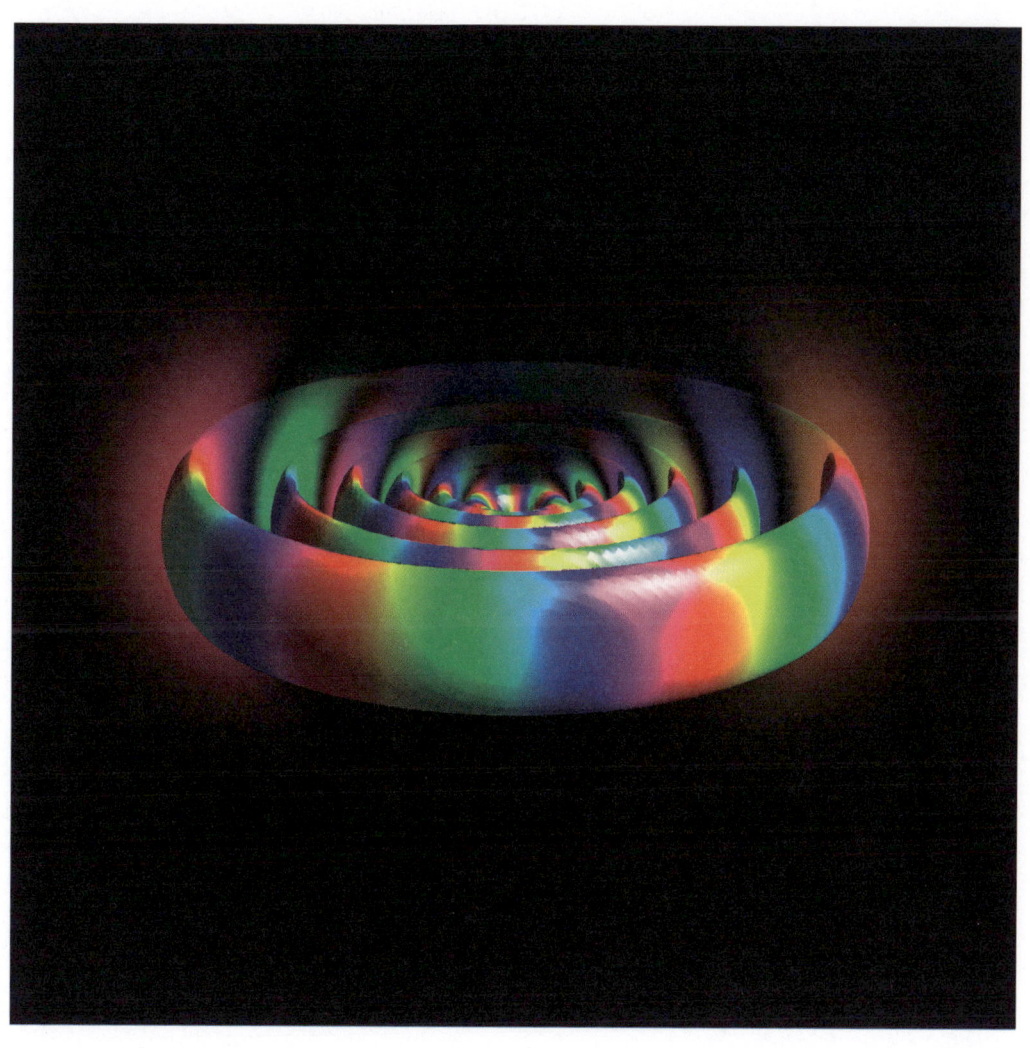

DOMINIO DEL CAOS

7
Complejidad y emergencia

Sistemas complejos

«Tanto la ciencia como el arte tienen
que ver con la complejidad ordenada».
Lancelot Whyte, 1896–1972

Hay algo más que el simple caos

Hasta ahora hemos venido considerando sistemas caóticos en los que
la interacción entre diversos componentes da resultados complejos e
impredecibles. No es necesario que los sistemas sean complejos en sí
mismos. Piense, por ejemplo, en el péndulo articulado o el problema
de los tres cuerpos. Sus partes componentes son muy sencillas, pero
el comportamiento resultante es sorprendentemente complejo. Sin
embargo, el caos forma parte de un conjunto más amplio de sistemas
complejos en los que no existe un control directo de los resultados,
sino que la interacción de las partes individuales del sistema conduce
a resultados a menudo sorprendentes.

Ya hemos visto cómo el resultado de un sistema caótico se puede
traducir en hermosos patrones como las imágenes del conjunto
de Mandelbrot. La complejidad más amplia se suele caracterizar
por la emergencia, por la que se producen nuevos potenciales por
la interacción de los componentes: con la emergencia, el todo es
mayor que la suma de las partes. Vemos sistemas que se organizan
por sí mismos sin ninguna descripción o instrucción general. Como
en el caso de los sistemas caóticos más destructivos, el resultado
rara vez es predecible porque todavía existe una dependencia
debida a pequeños cambios en las condiciones iniciales.

Hay muchas formas matemáticas y científicas para definir la
complejidad. Cuando las cosas cambian (como lo hace la mayoría

de los sistemas), se puede definir la complejidad de un sistema por la cantidad de detalles necesarios para poder predecir todos los resultados posibles. Si pensamos en un sistema no complejo, como puede ser, por ejemplo, dejar caer una pelota sin que intervenga otra fuerza que la de la gravedad (o una fuerza tan dominante que podamos ignorar las otras) y sin tener en cuenta la resistencia del aire, hay una fórmula muy práctica para predecir con precisión cómo se comportará la pelota y dónde la encontraremos en un momento futuro. Pero con un sistema complejo, hay tantos resultados potenciales como consecuencia de la interacción entre sus partes en el futuro que sería muy difícil predecir todos los resultados sin una cantidad ingente de información.

Una característica importante de muchos tipos de sistemas complejos del mundo real es que son autoorganizados.

Sistemas autoorganizados

La autoorganización tipifica el comportamiento de un sistema complejo que parece complicado pero que, en realidad, puede estar determinado por factores muy sencillos, sin guía o plan previo.

Se puede crear un ejemplo sencillo si se deja caer agua caliente por un plano inclinado cubierto con una capa de cera. Al empezar, el agua bajará de un modo desordenado por toda la superficie sin seguir un patrón concreto, pero al poco rato, la cera empezará a fundirse preferentemente en ciertos lugares, debido a las ligeras variaciones de su superficie. Una vez que se inicia la formación de canales, estos empiezan a hacerse más profundos por sí mismos. Cuanta más agua caliente baja por los canales, más grande se hará su profundidad y conducirán mejor el agua en su descenso. Sobre la superficie de la cera se crea un patrón debido a las irregularidades de la capa de cera, pero no había ningún plan inicial, y no era posible predecir cómo serían los canales ni repetir el mismo patrón. Algo semejante sucede cuando se forman los riachuelos en las costas arenosas.

Otro bello ejemplo lo constituyen los fascinantes organismos conocidos como moho mucilaginoso o moho del fango. Se trata

Patrones autogenerados
Estas marcas que han dejado los riachuelos en una playa al bajar la marea son estructuras fractales autoorganizadas.

Moho del fango
A pesar de ser
organismos unicelulares
sin sistema nervioso
ni estructura externa,
el moho del fango
puede adoptar formas
complejas parecidas a las
de las plantas.

de organismos unicelulares que pasan gran parte de su existencia flotando de forma aislada, sin interacción entre las células individuales. Sin embargo, cuando no hay mucho alimento disponible, las células comienzan a conectarse entre sí y forman una estructura emergente que puede tener el aspecto de un organismo multicelular. El complejo del moho del fango puede producir patrones notables y moverse como si estuviera dirigido. Sin embargo, no hay dirección subyacente a su formación; el organismo colectivo no tiene cerebro ni sistema nervioso. Sin embargo, debido a que el sistema se autoorganiza, es capaz de formar estos notables patrones.

Algo parecido, aunque mucho más complejo, tiene lugar en el cerebro (como el suyo). Aunque hay un «plano» esquemático para la construcción de un ser humano en el ADN y en el modo en que este se ve modificado por procesos externos, ese plano no especifica cómo las neuronas en el cerebro deben vincularse entre sí. Sin embargo, los vínculos entre las neuronas, conocidos como axones, que interactúan entre sí en uniones denominadas sinapsis, son los responsables de todo, desde la memoria hasta la capacidad de pensar. Le hacen la persona que es. Sin embargo, esta estructura no está planificada de antemano. La configuración interna del cerebro es otro sistema complejo y autoorganizado. De hecho, el cerebro humano es el sistema más complejo que se conoce en la actualidad.

Esta complejidad se debe, en parte, al gran número de conexiones que se pueden establecer en este sistema autoorganizado. Se calcula que en el cerebro humano hay al menos 100 billones de conexiones sinápticas, posiblemente incluso 1000 billones. Esto refleja el poder de su conectividad. A medida que aumenta la cantidad de componentes de un objeto, la cantidad de maneras de conectarlos aumenta espectacularmente. Así, por ejemplo, se pueden conectar 10 objetos de 45 formas diferentes; 100 objetos de 4950; 1000 objetos de 499 500, y para cuando llegamos a 1 millón de objetos, de 499 999 500 000 formas. El cerebro humano tiene unos 100 000 millones de neuronas. Sin comentarios.

Del mismo modo que las vías en la cera se forman a medida que fluye el agua caliente, las vías neuronales en el cerebro se forman dinámicamente a medida que pasa el tiempo; del mismo modo, como el patrón en la cera, una vez que una conexión está bien establecida, es más probable que se utilice, y que este uso dé como resultado que se haga más robusta y su acceso sea más fácil. Sin embargo, a diferencia de la cera, el proceso en el cerebro es reversible. Además de robustecerse cuando se usan con frecuencia, las vías infrautilizadas se vuelven más delgadas y de difícil acceso,

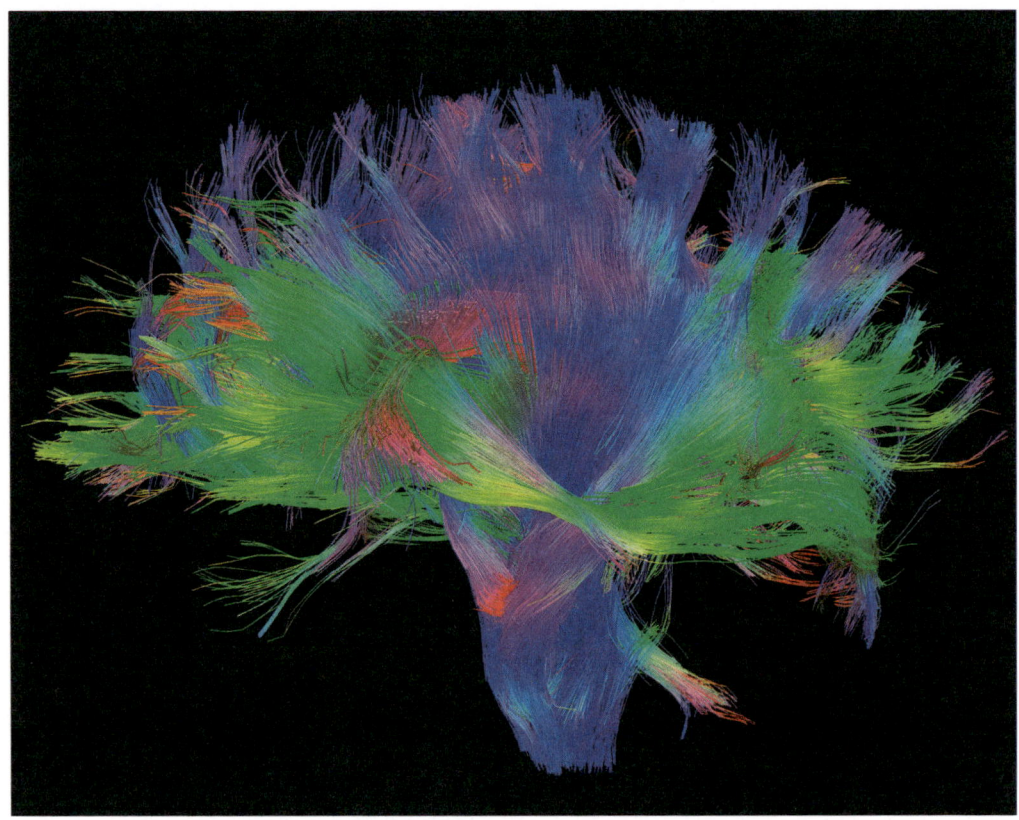

especialmente cuando un individuo está bajo presión. Por eso parece difícil ser creativo bajo presión: recurrimos a los caminos trillados.

Un último ejemplo de tal autoorganización es una ecozona, que se define como una región en la que, en un determinado momento, los diferentes animales, plantas y el entorno físico forman un sistema complejo en el que, de nuevo, no existe como norma una mano rectora, sino que se autoorganiza en función de la interacción entre sus componentes. Por eso puede ser tan difícil predecir el resultado de la introducción de una nueva especie en una ecozona. Piense, por ejemplo, en el caos (tanto literal como matemático) causado en Australia por la introducción del conejo no nativo. Este animal resultó ser tan invasivo y perturbador que se construyó una valla a prueba de conejos de 530 km de longitud para mantener a los conejos fuera de Queensland, y se llevó a cabo una guerra biológica contra la especie mediante el uso de la mixomatosis.

El caos favorece la autoorganización

Podría parecer que esa capacidad de autoorganización sin dirección fuera lo diametralmente opuesto al caos, pero, en realidad, suele surgir del caos. En nuestro primer ejemplo simple, cuando se vierte el agua sobre el plano inclinado cubierto de cera, el movimiento inicial del agua es caótico. Es casi como si la imprevisibilidad del caos fuera necesaria para que surja la autoorganización.

Quien haya visto las imágenes de la Gran Mancha Roja de Júpiter conoce un ejemplo sorprendente de una consecuencia del caos. A primera vista, llamar «grande» a esta mancha rojiza parece una exageración: es una parte relativamente insignificante de la superficie del gigante gaseoso. Lo que ocurre es que es fácil olvidar el tamaño de Júpiter, que está más cerca de ser una estrella pequeña fallida que un gran planeta. El tamaño de la mancha roja es lo bastante grande como para englobar más de dos veces el diámetro de la Tierra. Pero lo realmente extraño es que ese lugar lleva ahí varios cientos de años. ¿Por qué extraño? Porque la «superficie» visible de Júpiter no es sólida. Es un gigante gaseoso. Su superficie es una mezcla turbulenta en movimiento caótico de los gases que componen ese planeta.

Se asumió que la mancha roja era una tormenta que se había generado en esos gases, algo así como un huracán del tamaño de un planeta. Pero si este fuera el caso, ¿cómo pudo haber durado tanto tiempo? Las tormentas, por su naturaleza intrínseca, van y vienen. En la Tierra rara vez duran más de unos pocos días, no cientos de años; una tormenta proporcional al tamaño de Júpiter no generaría un huracán con una vida útil de siglos.

Con el desarrollo de la teoría del caos se constató que la Gran Mancha Roja no era un huracán, sino más bien un ejemplo del movimiento caótico de la superficie de Júpiter que genera una isla autoorganizada de relativa calma. El modelo para el tipo de flujo que podría producir un efecto a largo plazo como la mancha es el que siguen los flujos relativamente estables que también se presentan en la atmósfera y en los mares de la Tierra. No es como un huracán, sino más parecido a las corrientes en chorro o a los «sistemas de transporte» de agua como la corriente del Golfo, que pueden variar en intensidad y posición exacta de un año a otro, pero que constituyen movimientos constantes de fluido a largo plazo en direcciones predecibles.

La Gran Mancha Roja es una región estable autoorganizada que surge de la interacción de los elementos circundantes del caos. Tal autoorganización es solo una parte del fenómeno más amplio de la emergencia, asociado a menudo con sistemas complejos.

Gran Mancha Roja
La espectacular región de estabilidad autoorganizada de Júpiter es mayor que dos veces la Tierra.

Emergencia

«Una gran parte del universo no necesita ninguna explicación. Por ejemplo, los elefantes. Una vez que las moléculas han aprendido a competir y a crear otras moléculas a su propia imagen, los elefantes y las cosas que son como los elefantes se encontrarán, a su debido tiempo, vagando por los campos».
Peter Atkins, 1940-

Emergencia estadística

Aunque no es un concepto que se aprenda a nivel escolar, la emergencia es un resultado común de la interacción que tiene lugar en los sistemas complejos. Quizá lo más próximo a lo que nos acercamos en la ciencia cotidiana es la mecánica estadística, que se utiliza para describir el comportamiento de los gases.

Quizá recuerde de las clases de ciencias una serie de «leyes de los gases», que relacionan las tres características fundamentales de un gas: su volumen, su temperatura y su presión. Por ejemplo, la ley de Boyle-Mariotte nos dice que la presión de una cantidad concreta de gas es inversamente proporcional a su volumen (a medida que el volumen disminuye, la presión aumenta), mientras que la ley de Charles nos dice que, a presión constante, el volumen de un gas es proporcional a su temperatura.

Sin embargo, esta imagen del comportamiento de un volumen de gas emerge espontáneamente de la interacción aleatoria de un gran número de moléculas del gas, que se mueven a diferentes velocidades en todas las direcciones posibles, que chocan repetidamente con las otras moléculas del gas y con las paredes del recipiente. Las leyes regulares y predecibles de los gases emergen del conjunto de este movimiento caótico. En este caso, la emergencia es estadística. Podemos calcular el resultado observando la distribución de las velocidades de las moléculas y la densidad del gas. Pero la mayoría de las emergencias son más sofisticadas que esta. Tomemos, por ejemplo, el caso más extraordinario de emergencia, la vida misma.

Más que la suma de las partes

Por un momento, piense en sí mismo. Es un ser viviente y consciente. Está formado totalmente por átomos, unos 7×10^{27}. En su cuerpo no hay nada más. Esos átomos ni están vivos ni son conscientes. La vida y la consciencia son propiedades emergentes del sistema que es su ser.

Como resumen a las palabras de Peter Atkins, emergencia significa que el todo es más que la suma de sus partes. En un organismo vivo, hay más que una colección de átomos o de células. No se trata de una observación mística, es un simple hecho físico. Para ser un humano, sus átomos (o células) deben interactuar entre sí en un sistema sumamente complejo, y de esa interacción emerge algo nuevo, que es capaz de mucho más de lo que podría hacerlo una colección de células o átomos individuales.

En un organismo vivo nos enfrentamos a una complejidad extrema, pero incluso a un nivel simple pueden surgir estructuras complejas por la interacción entre componentes adyacentes del sistema que las compone. Piense, por ejemplo, en las hermosas y complejas formas de los copos de nieve. Estas estructuras hexagonales de filigrana presentan una infinidad de formas, pero todas emergen de la simple interacción de una pequeña cantidad de factores con una pizca de caos para agregar complejidad a la mezcla.

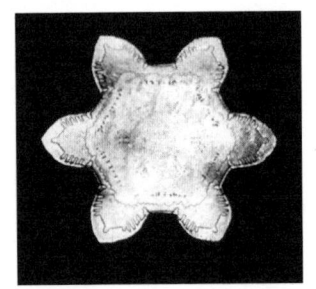  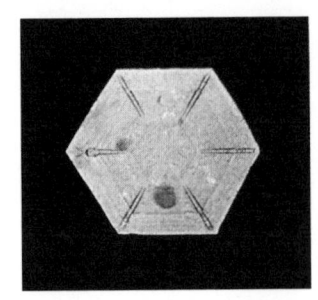

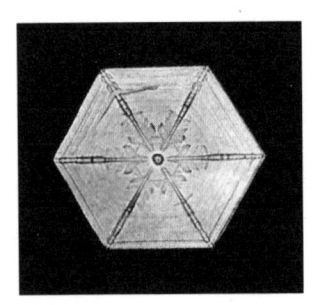  

Copos de nieve
Algunos de los muchos copos de nieve fotografiados en el libro de Wilson Bentley *Snow Crystals*, de 1931.

Una molécula de agua consta de un átomo de oxígeno y dos átomos de hidrógeno unidos a él; en cada una de las moléculas, los átomos de hidrógeno forman un ángulo de, aproximadamente, 104,5 grados.

La combinación de esta forma molecular y los enlaces que mantienen unidas a las moléculas tiene como consecuencia que, el agua, cuando se enfría, forma naturalmente, a escala molecular, cristales hexagonales, y a medida que estos cristales crecen, se van creando los patrones de los copos de nieve en forma de estrellas de seis puntas que nos son tan conocidos.

Estas notables estructuras de los copos de nieve fueron descubiertas por primera vez por un clérigo sueco, Olaus Magnus, en 1555, aunque la maravillosa variedad de formas posibles solo se reveló con la introducción de los microscopios a principios del siglo XVII. Incluso entonces, la belleza de los copos de nieve no pudo ser apreciada en su plenitud hasta 1885, cuando el fotógrafo aficionado estadounidense Wilson Bentley comenzó a captar imágenes de copos de nieve con la nueva tecnología fotográfica de la época.

En 1931, hacia el final de su vida, Bentley publicó un libro de fotografías microscópicas de copos de nieve. Esta obra clásica, *Snow Crystals*, contenía 2300 impresionantes fotografías. Bentley fue el primero en hacer la observación, basada en el trabajo de su vida, de que «no hay dos copos de nieve iguales». No existe una base científica para esta afirmación, y, de hecho, es bastante fácil encontrar copos idénticos de las formas más sencillas. Pero lo que es cierto es que existe una inmensa variedad de formas de copos de nieve.

La forma tradicional y delicada del copo de nieve, con sus seis brazos característicos (denominada «dendrítica», que significa que tiene forma de ramas de árbol), crece cuando las temperaturas son particularmente bajas; cuando la atmósfera es más cálida, con el aire no muy por debajo del punto de congelación, los copos de nieve tienden a formar cristales en forma de placa de seis lados más simples. La naturaleza aparentemente única de muchas de las formas de copos de nieve se debe a que su crecimiento está gobernado por el caos. Son fractales que obedecen a fórmulas matemáticas intrínsecamente caóticas.

Bancos y bandadas

Del mismo modo que la intrincada estructura de un copo de nieve emerge de la interacción molécula a molécula del agua, otras estructuras emergentes están producidas por bancos de peces y bandadas de aves. Cada uno de los individuos responde a otros miembros cercanos de la bandada o banco. No hay un control general, pero esta interacción a nivel local da como resultado patrones emergentes notables, que pueden cambiar y latir como un ser vivo.

La forma en que se pueden desarrollar formas complejas a pesar de una falta total de coordinación es típica de la emergencia. Cada pez en el banco o ave en la bandada reacciona simplemente con los otros animales en su vecindad inmediata. Por norma, son tres los factores o reglas que determinan el comportamiento de un banco o una bandada. Cada uno de sus miembros es una entidad simple, pero, como colectivo, al permitir que estas «reglas» guíen su movimiento, los bancos que fluyen sinuosamente o las bandadas de aves que se arremolinan con gran rapidez actúan como si fueran una entidad única y compleja. Como norma, cada uno de los miembros del grupo solo interactúa con unos cuantos vecinos cercanos; por ejemplo, se ha determinado que, en el caso de los estorninos, se trata de otras siete aves.

El primer factor que influye en la formación es mantener la separación. Los miembros del grupo no quieren arriesgarse a chocar entre sí, por lo que actúan como partículas cargadas eléctricamente que se repelen cuando se acercan demasiado a sus vecinos. En segundo lugar, evitadas las colisiones, los miembros del grupo se dirigen en una dirección que recibe la influencia de la dirección colectiva media de sus vecinos, intentando en general seguir un camino semejante. Finalmente, se dirigen hacia la posición media de sus vecinos, lo que les permite efectuar cambios rápidos de dirección. Es probable que haya variaciones sutiles en estas reglas, pero es a partir de mecanismos sorprendentemente simples de este tipo que se crea la sensación animada de un banco o bandada.

Patrones sencillos del Juego de la Vida

En el Juego de la Vida se pueden conseguir una serie de colecciones de celdas a partir de las que emergen patrones que se vuelven estables, que oscilan entre diversas formas, se desplazan o mueren.

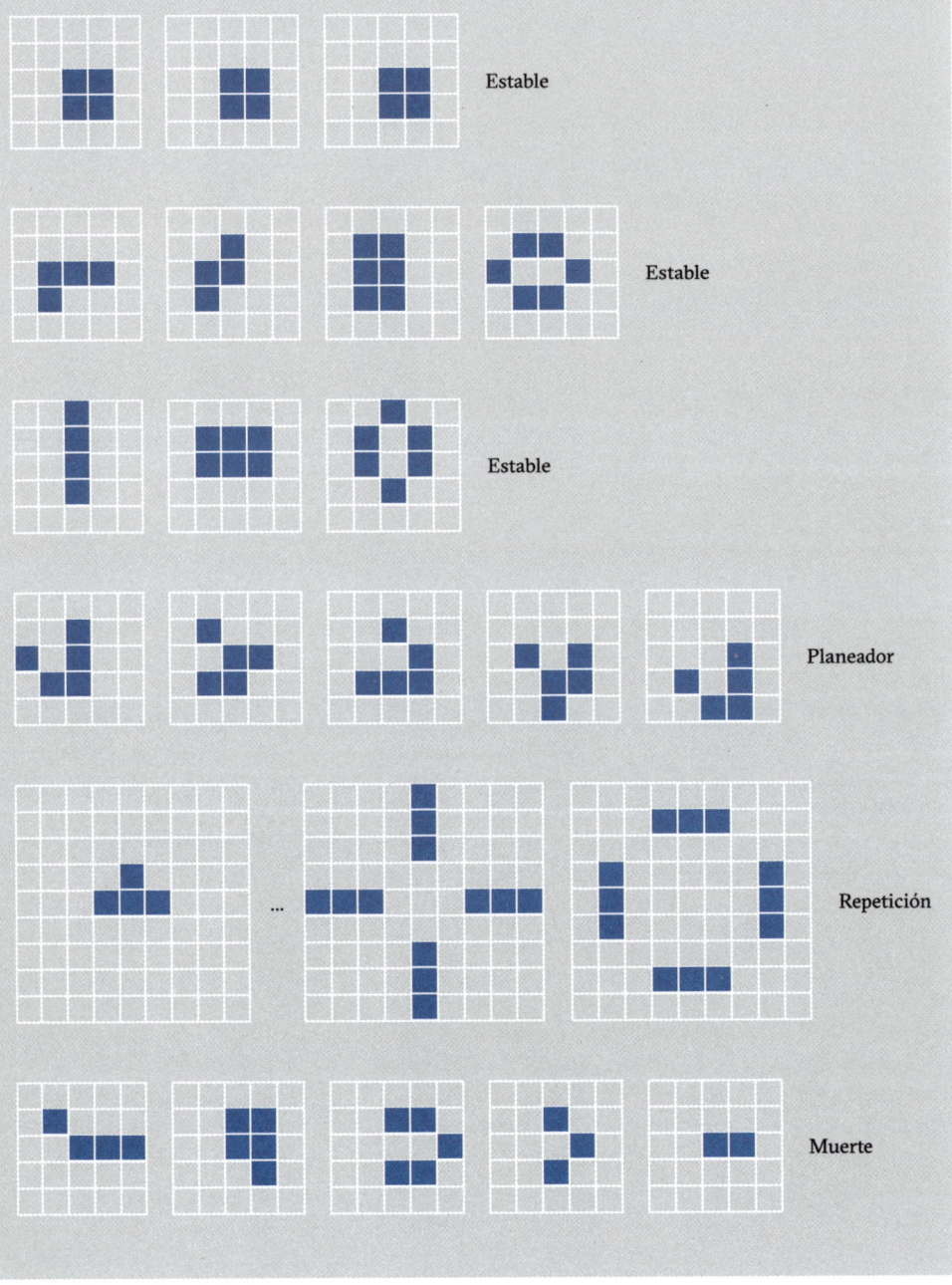

Dunas y el Juego de la Vida

Una estructura emergente en movimiento aún más simple que una bandada es una duna. No hay nada en las partículas de arena que especifique cómo emergerá la forma de la duna: es la interacción caótica del viento lo que genera la duna inicial. Sin embargo, a medida que esta crece y toma forma, llega un momento en el que los granos de arena de la cima empiezan a fluir desde la parte de barlovento y caen hacia sotavento, lo que va desplazando toda la estructura.

Una mayor sofisticación de la progresión se encuentra en un entorno computarizado que se basa tanto en los mecanismos de las bandadas como en el de las dunas de arena, denominado el Juego de la Vida. Aunque pretende reflejar el mundo real, gran parte de los trabajos sobre el caos y la complejidad se basan en modelos informáticos, de los cuales el Juego de la Vida fue uno de los primeros ejemplos.

Diseñado por el matemático inglés John Conway en 1970, el Juego de la Vida consta de unas pocas reglas simples que dan como resultado un comportamiento emergente complejo. El tablero del juego es una malla infinita de celdas cuadradas iguales. Algunas de estas celdas están coloreadas inicialmente y, entonces, todo lo que el juego requiere es un conjunto simple de reglas para ver qué emergerá. Se considera que las celdas coloreadas están vivas y las vacías, muertas. Las reglas establecen que una celda viva morirá si tiene menos de dos vecinas vivas, o más de tres. Seguirá viva si lo están dos o tres vecinas. Y una celda muerta con tres vecinas vivas recobrará la vida.

Dadas esas reglas simples, el estado de la cuadrícula de celdas avanza en el tiempo, aplicando repetidamente las reglas al conjunto inicial de celdas activas. Algunos arreglos se extinguen por completo. Algunos se moverán u oscilarán. Otros disparan nuevos grupos de células vivas, que se mueven a través de la malla. De unas reglas extremadamente simples emerge la complejidad del comportamiento. Algunas de las estructuras producidas por el Juego de la Vida pueden parecer como si se hubieran creado intencionalmente, pero cuando una colección de organismos vivos se convierte en algo más que la suma de sus partes emerge un nivel diferente de sofisticación.

Superorganismos

«Tras un día de saqueo y destrucción de toda la vida comestible de un denso bosque del tamaño de un campo de fútbol, las hormigas construyen su alojamiento nocturno, una bola de un metro de diámetro, con una cota de malla formada por los cuerpos de las obreras unidas entre sí que protege a las larvas jóvenes y a la reina madre en el centro. Al amanecer, la bola se disuelve hormiga a hormiga, y los miembros de la colonia acuden a sus puestos para la marcha del día».
Melanie Mitchell, 1969–

→
Puente viviente de hormigas
Las hormigas guerreras brasileñas construyen un puente con sus cuerpos para cruzar un barranco en miniatura.

Alistamiento en el ejército

Aunque los bancos y las bandadas actúan juntos con un maravilloso sincronismo, y las celdas «vivas» del Juego de la Vida pueden desarrollar estructuras sorprendentes, no se pueden comparar con el modo en que se organiza el trabajo colectivo de algunas especies de hormigas, abejas, avispas y termitas. En este caso, la interacción de los individuos es tan fuerte que se les conoce colectivamente como «superorganismos», en los que, posiblemente, cada insecto individual no es un organismo más completo por sí mimo que las células de su cuerpo. Es fácil aceptar la naturaleza emergente de un organismo cuando sus partes componentes están unidas físicamente, pero es más difícil entender la idea de que una hormiga, una abeja, una avispa o una termita, de cualquier especie que forme superorganismos, no sea realmente una entidad separada, sino una parte integral de un todo mayor, que permite a la colonia realizar hazañas notables.

COMPLEJIDAD Y EMERGENCIA

Un ejemplo impresionante es la hormiga guerrera brasileña. Como individuos o en pequeñas cantidades, estos insectos son penosamente incompetentes. Si se disponen algunas de estas hormigas formando un anillo, siguen caminando una tras otra en una marcha de la muerte circular hasta perecer. Sin embargo, una cantidad suficiente se convierte en mucho más que insectos individuales. Como describió la científica informática Melanie Mitchell, estas hormigas forman un nido con sus propios cuerpos. Cuando llegan a un barranco (a escala hormiga) entre rocas, en lugar de rodearlo, pueden formar un puente con sus cuerpos enlazados para que la colonia cruce el obstáculo y siga su marcha.

En un organismo individual convencional suele haber un cerebro central y un sistema nervioso que se extiende por todo el cuerpo que transmite señales y controla las acciones. La naturaleza de estos mensajes es electroquímica. En los superorganismos, los mensajes se transmiten entre los insectos por vía química, utilizando productos químicos aromáticos conocidos como feromonas, y también mediante mecanismos especializados como la danza de las abejas. Los superorganismos no poseen un cerebro central; toda la inteligencia y las habilidades están distribuidas, de un modo parecido a algunos sistemas de computación que comparten la carga entre muchos pequeños procesadores.

Electroquímica
En física y química estamos acostumbrados a que los sistemas eléctricos y químicos estén generalmente separados, pero en biología muchos mecanismos son electroquímicos, controlados o alimentados por el flujo de partículas cargadas eléctricamente en fluidos y a través de membranas.

Un zumbido de abejas

Las hormigas, las termitas y las avispas se encuentran entre los superorganismos más conocidos (aunque hay muchas especies de dichos insectos que no actúan de este modo). También hay algunos camarones y, sorprendentemente, algunos mamíferos (lo veremos más adelante). Sin embargo, el superorganismo arquetipo es el de las abejas. Posiblemente, este hecho resulta más obvio cuando una parte de una colonia forma un enjambre que durante un corto período actúa casi como una entidad única.

El objetivo del enjambre es la reproducción del superorganismo. Se separa de la colonia original y se establece por su cuenta, y la formación del enjambre pone de manifiesto la naturaleza de componente de las abejas individuales. Primero, deben tener un lugar adecuado, que busca y define un grupo de exploradoras, y, cuando van a establecerse, en el centro del enjambre va la reina, que puede ser la de la antigua colonia, tras una dieta de adelgazamiento para que pueda volar, o una nueva.

Existe una gran variedad en el tamaño y la estructura de las colonias, pero en la especie que mejor conocemos, la abeja melífera, la colonia cuenta con zánganos machos, cuya función básica es fertilizar los huevos de una sola reina, y un número mucho mayor de hembras, las abejas obreras, encargadas de recolectar alimentos, construir la colmena y defender la colonia. Una de las pocas funciones secundarias en las que participan los zánganos es colaborar con las obreras para mantener el nido a la temperatura adecuada, ya sea temblando para calentarlo o usando sus alas para hacer circular el aire y enfriarlo.

A la vista, una vez más, de la sencillez de una abeja individual, su comportamiento colectivo (descrito técnicamente como «eusocial») evidencia que la etiqueta de superorganismo va más allá de una metáfora. Una colonia de abejas es, en gran medida, un organismo único en el que los componentes están físicamente separados entre sí. La única reina activa es como un órgano, mientras que los trabajadores individuales actúan como algo entre órgano y célula, con muy poca inteligencia individual, pero que son capaces colectivamente de construir estructuras complejas, mantener y proteger la colmena, y ubicar y organizar la recogida de alimentos.

Todo esto no quiere decir que la aparición del superorganismo sea más radical que la de, por ejemplo, un mamífero. Hay mucha más complejidad emergente en la simple colección de células de un mamífero (y, por supuesto, cada abeja individual tiene también propiedades emergentes como organismo funcional por derecho propio, aunque comparativamente limitado). Es difícil no sorprenderse a la vista de los logros de un superorganismo. Y si el de las abejas nos toma por sorpresa, esta es aún mayor cuando los componentes de un superorganismo son mamíferos, como nosotros.

La extraordinaria rata topo desnuda

La mayoría de nosotros estamos familiarizados, al menos vagamente, con la idea de que los insectos sociales actúan juntos para producir estructuras notables y mostrar un comportamiento de colonia, pero esto es algo que, normalmente, no atribuiríamos a los mamíferos. Es evidente que en muchos mamíferos existe un comportamiento cooperativo; los seres humanos son el ejemplo definitivo de poder cambiar su entorno mediante la cooperación social. Sin embargo, nuestra capacidad de unirnos para obtener resultados que ningún individuo podría conseguir por sí solo es el resultado de la comunicación consciente y la interacción entre distintos individuos. Incluso cuando actuamos en equipo, no somos partes colectivas de un superorganismo, casi carentes de capacidades individuales, como los insectos sociales de las colonias. Sin embargo, hay un mamífero que forma un superorganismo. Basta

Colonia de ratas topo desnudas
La mayoría de las ratas topo desnudas pasan toda su vida bajo tierra en una colonia dominada por la reina reproductora.

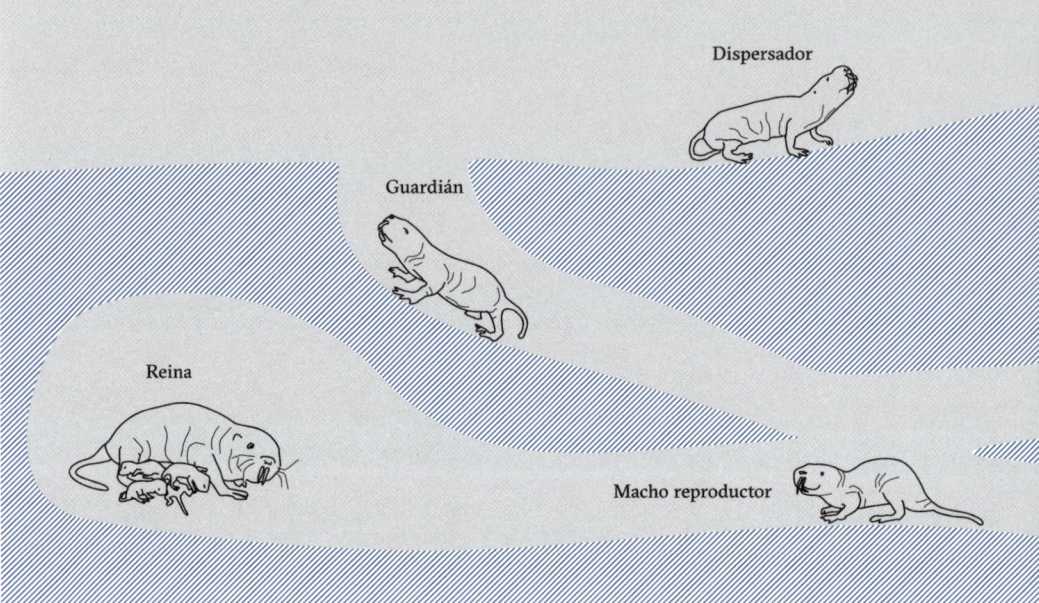

Dispersador

Guardián

Reina

Macho reproductor

verlos para saber que son inusuales, pero las apariencias pueden engañar: la rata topo desnuda es mucho más que la suma de las características externas que sugiere su nombre.

Hay que reconocer que la rata topo desnuda tiene un aspecto extraño; es como un intento de representación tridimensional de un animal que ha salido muy mal. Es un roedor del este de África que vive en colonias en madrigueras subterráneas. Tiene muchos rasgos poco habituales: debido a los bajos niveles de oxígeno en sus túneles, tiene un metabolismo muy bajo y no tiene la capacidad normal de los mamíferos para regular su temperatura corporal. No puede sentir dolor en la piel y tiene una notable capacidad para resistir la aparición del cáncer. Pero desde nuestro punto de vista, su rasgo sobresaliente es que forma un superorganismo.

La característica más obvia es que una colonia tiene una sola reina hembra, unos cuantos machos sexualmente activos y los demás son trabajadores no reproductores. Los trabajadores

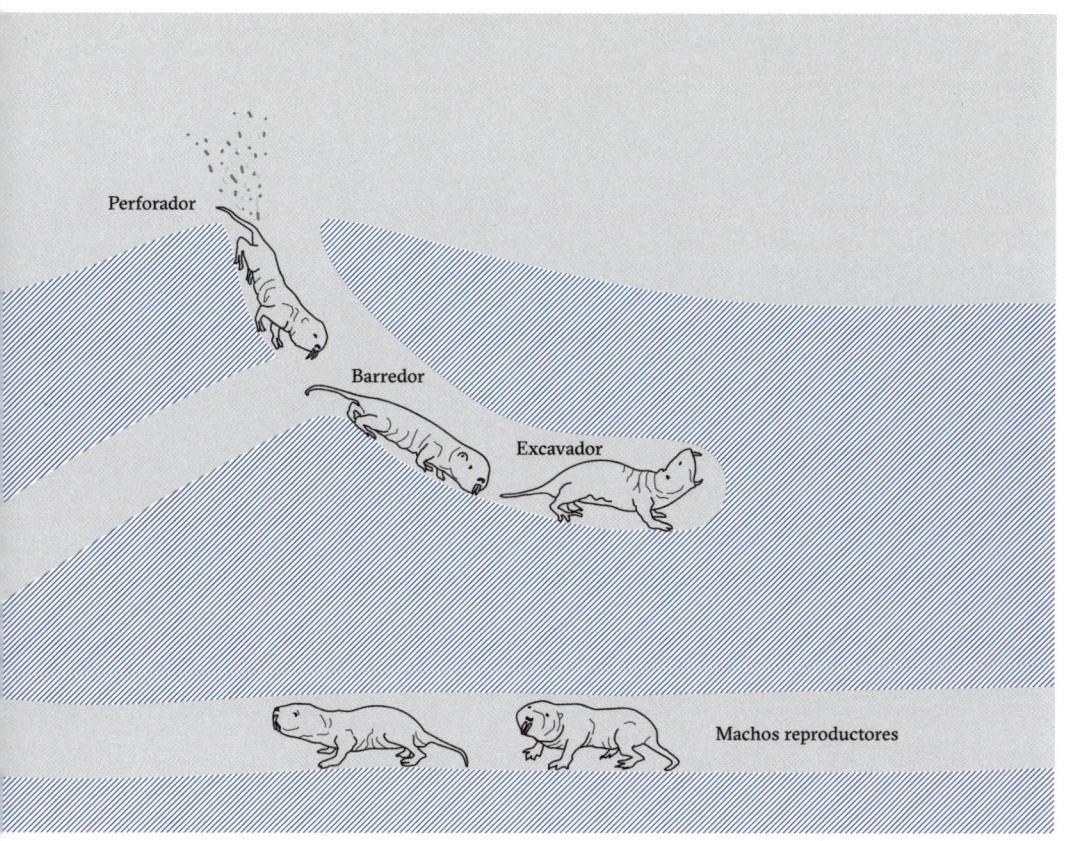

Perforador

Barredor

Excavador

Machos reproductores

son de ambos sexos, pero las hembras no tienen los órganos reproductivos completamente desarrollados. Aunque la reina no es comparativamente tan grande como ocurre en las reinas de los insectos, es bastante mayor que las hembras no sexualmente activas.

Entre los trabajadores se distribuye una serie de cometidos: los que construyen y mantienen túneles y los que protegen la colonia. Incluso hay ejemplares especiales de la rata topo macho conocidos como dispersores provistos de depósitos de grasa que les permiten viajar fuera de la colonia para llegar a otra para aparearse, reduciendo la inevitable endogamia que generalmente ocurre en las colonias cerradas. A diferencia de su equivalente insecto, el resto de la colonia nunca abandonará los túneles ni siquiera para recolectar comida, ya que viven de los tubérculos que alcanzan bajo tierra.

Además de ser una mezcla entre fascinante y repulsiva, la rata topo desnuda es un recordatorio de ese aspecto esencial de la complejidad que produce la rica mezcla de vida en nuestro planeta: la adaptación.

Adaptación

«En todas las obras de la Historia Natural encontramos constantemente detalles de la maravillosa adaptación de los animales a su alimentación, sus hábitos y las localizaciones en los que se encuentran».
Alfred Russel Wallace, 1823–1913

En el puesto de mando de la evolución

En la ciencia, el concepto de adaptación se relaciona con fuerza con la evolución. En este contexto, una de las primeras muestras de la adaptación fue lo que estimuló al naturalista inglés Charles Darwin en el desarrollo de la teoría de la evolución, que partió de su observación de las aves conocidas actualmente como pinzones de Darwin.

Estos forman un grupo de especies que se encuentra en las islas Galápagos, frente a la costa de Ecuador. Aunque están íntimamente relacionadas, las diversas variantes difieren en las características de sus picos. Su estudio fue parte de las pruebas que llevaron a la idea de que los organismos se adaptan a su entorno de una generación a otra a causa de la selección natural. Las variaciones genéticas (algo que Darwin desconocía) significan que algunas crías se comportarían mejor que otras en su ambiente específico. Estos individuos tendrían más posibilidades de sobrevivir y reproducirse, conservando algo más de las variaciones que los hacían más aptos para su entorno. Con el tiempo, la especie se habría adaptado al medio.

Darwin no pudo observar directamente esa adaptación, pero en un período de 40 años, los biólogos ingleses, residentes en Estados Unidos, Peter y Rosemary Grant visitaron varias veces la isla Daphne Mayor en las Galápagos, y recopilaron datos sobre

→

Los pinzones de Darwin
Ilustraciones de los tipos de pico de los pinzones observados por Darwin en las Galápagos, de *Journal of Researches*, 1873.

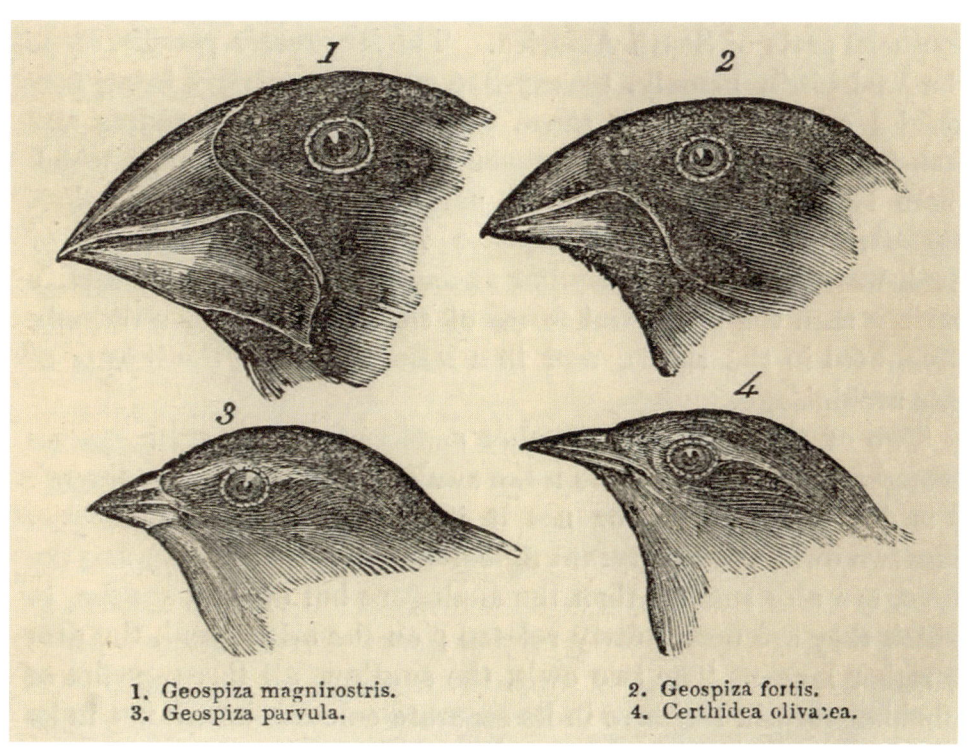

1. Geospiza magnirostris.
2. Geospiza fortis.
3. Geospiza parvula.
4. Certhidea olivacea.

los pinzones. Encontraron claras muestras de la adaptación en acción. Por ejemplo, cuando la isla padeció una sequía en 1977, las aves con los picos más grandes eran capaces de romper con más facilidad la semillas grandes y duras, que eran más comunes en aquellas condiciones. Como consecuencia, en los años siguientes hubo una mayor cantidad de aves de pico más grande. Sin embargo, pocos años después, las intensas lluvias dieron lugar a condiciones más favorables para que prosperaran las semillas más blandas y pequeñas, con lo que aumentó el número de aves de pico más pequeño, adaptadas directamente a las condiciones cambiantes.

Aunque la adaptación evolutiva es muy común por su importancia en la biología, constituye solo un pequeño subconjunto en el marco más amplio de los sistemas adaptativos.

La receta para la adaptación

Para que la adaptación tenga lugar, necesitamos un sistema complejo que pueda responder a los cambios, sea en el entorno o en partes del sistema. Estas respuestas se suelen producir como resultado de ciclos de retroalimentación con los que ya nos hemos encontrado y, por lo general, necesitan algún tipo de memoria, un medio que sea capaz de conservar la información sobre lo que tuvo éxito o no lo tuvo. (En el caso de la evolución, esa memoria se mantiene en los códigos genéticos específicos del ADN que producen los rasgos que mejor se adaptan al medio ambiente).

Es posible que la forma más simple de sistema adaptativo la hayamos visto anteriormente: el regulador. Este realiza cambios en el sistema (por ejemplo, permite que el vapor escape de una máquina de vapor) hasta que alcanza un estado en el que ya no recibe señales para actuar.

En ocasiones, los sistemas adaptativos simples se describen como «autoajustables». En ellos, en lugar de que los cambios se produzcan de un modo gradual como consecuencia de la retroalimentación, el sistema recuerda lo que sucedió en el pasado y actúa en consecuencia. Esto es particularmente interesante en los sistemas que pueden entrar en el caos, ya que los sistemas autoajustables pueden sufrir un proceso al que se ha dado el grandilocuente nombre de «adaptación al borde del caos». En efecto, el sistema se mueve gradualmente hacia la frontera entre el orden y el caos, pero nunca la cruza.

Podría decirse que el sistema adaptativo más eficaz que conocemos es el que ya hemos mencionado como emergente: la vida.

Vida emergente

«La definición más amplia y completa de la vida
será: el ajuste continuo de las relaciones internas
a las relaciones externas».
Herbert Spencer, 1820–1903

¿Qué es vida?

Definir la vida es dolorosamente difícil. En general, es algo
de lo que podemos decir «lo sé cuando la veo». Sabemos que,
por ejemplo, una persona, un caracol y una flor están vivos, y
que una roca no lo está. Los biólogos tienden a eludir el tema,
y lo que hacen es enumerar las propiedades de las cosas que
están vivas, como el movimiento, la nutrición y la reproducción.
Pero lo que si está claro en relación con la vida es que es una
propiedad que emerge de algunos sistemas complejos,
haciéndolos adaptables.

Sabemos que un ser vivo está formado por un conjunto de
átomos. Nada más. No hay ningún ingrediente mágico adicional.
Sin embargo, nadie diría que los átomos individuales que
componen un ser vivo están vivos. Entre los átomos y los seres
vivos hay una serie de estructuras, por ejemplo, las moléculas.
Sin embargo, una vez más, las moléculas individuales no están
vivas, ni siquiera las moléculas inmensamente complejas que
forman los cromosomas, cada uno de los cuales es una única
molécula de ADN inmensamente larga. Para formar las células,
se unen los átomos y las moléculas. Y entramos de nuevo en
una zona gris.

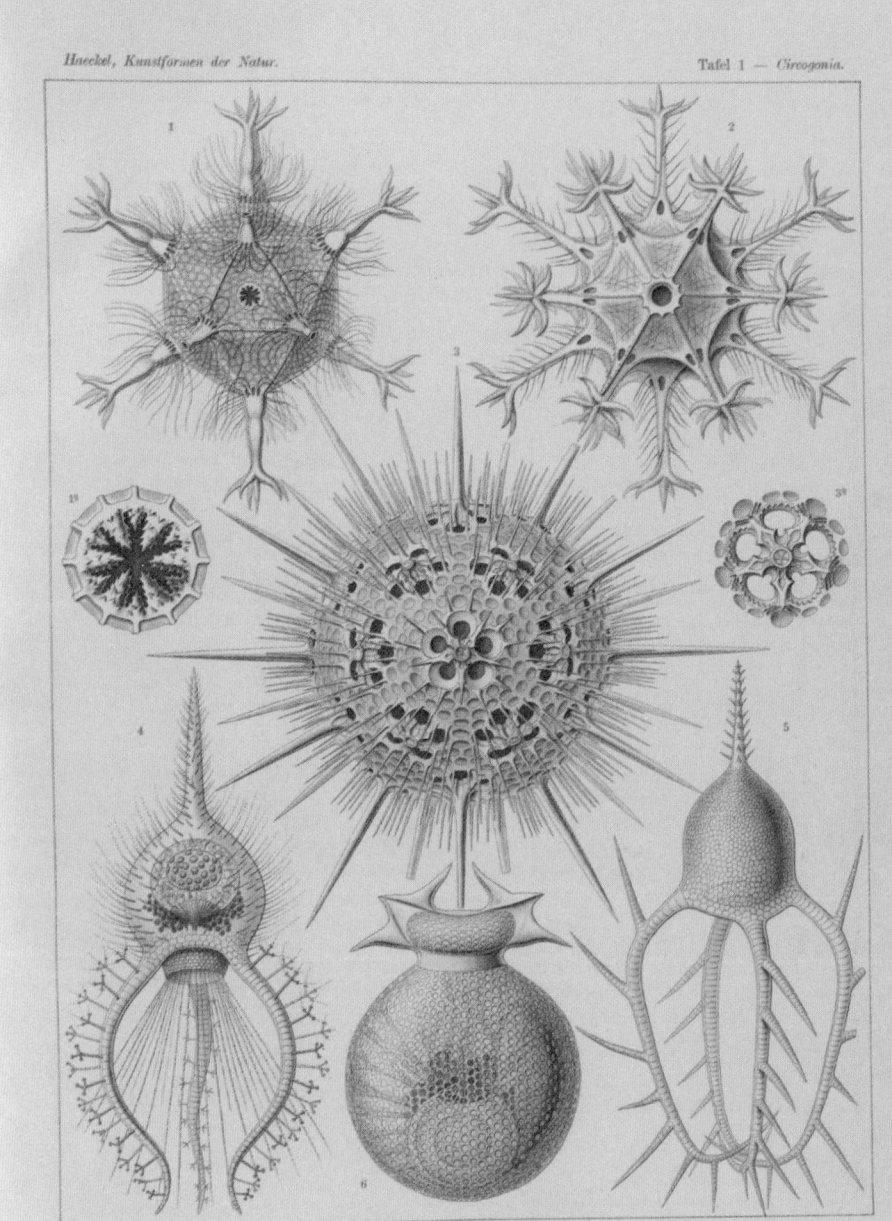

Phaeodaria. — Rohrstrahlinge.

Se puede debatir sobre si las células están vivas o no. De hecho, muestran algunos de los comportamientos propios de la vida, pero a menos que estemos hablando de un organismo unicelular (de los que hay muchos más que organismos complejos como los animales y las plantas), una célula no puede vivir por sí sola durante mucho tiempo. Necesita otras células a su alrededor para interactuar. Y, por último, de alguna manera, la vida emerge de las reacciones entre las moléculas en las células, y entre las células en los organismos complejos.

Una forma de ver la vida es que hay un sistema que no está en equilibrio con su entorno y permanece así: algo que insinúan las palabras de Herbert Spencer citadas antes. Normalmente, los sistemas naturales se mueven hacia el equilibrio con su entorno. La energía pasa entre el sistema y su entorno hasta que se establece un equilibrio; pensemos en un plato de comida caliente, que se deja reposar hasta que alcanza la misma temperatura que las cosas que están a su alrededor. Sin embargo, los seres vivos permanecen desequilibrados con su entorno. Consumen energía y la utilizan para construir estructuras sofisticadas. A medida que aumentan el orden dentro de sus propios sistemas, emiten calor, lo que causa más desorden en el mundo que los rodea.

Desde este punto de vista del sistema, la vida es tanto emergente como adaptativa. Es, quizá, el sistema complejo definitivo. Pero algunos creen que somos capaces de construir algo que tenga al menos algo de la complejidad y las capacidades emergentes de un organismo vivo.

Inteligencia artificial

«La inteligencia artificial se basa en la
suposición de que se puede describir
la mente como una especie de sistema
formal que manipula símbolos que
representan cosas en el mundo».
George Johnson, 1952–

Robots adaptativos

No hay duda de que, incluso sin nada que se pueda considerar
inteligencia, parte de nuestra tecnología es adaptativa. Es un
enfoque de la robótica bastante estándar. Por ejemplo, en lugar de
darle instrucciones explícitas a un robot aspirador de cómo limpiar
con eficacia una habitación, se le permite que se mueva al azar,
aspirando sobre la marcha. Esto no es eficiente, pero si el tiempo
no es un problema, constituye una forma perfectamente factible
de hacer la tarea. Es probable que ya se haya introducido un cierto
grado de retroalimentación, por ejemplo, cuando el robot se acerca
a un obstáculo, recibe información de sus sensores para cambiar de
velocidad y dirección. Sin embargo, es posible hacer algo más.

Dado que no dispone de un plano de la habitación, lo más fácil para
el robot es empezar a moverse al azar, pero a medida que avanza,
puede construir un mapa de obstáculos. En consecuencia, puede
refinar su ruta para que sea más eficiente y para asegurarse de
ser capaz de regresar a su punto de carga a medida que desciende
la energía de las baterías. Este aspirador está adaptando su ruta
a su entorno. No se le dice de antemano a dónde ir, pero a través
de la interacción, la retroalimentación y la memoria, se adapta
para que no siga cometiendo los mismos errores.

En lo que ya conocemos sobre la inteligencia artificial se utiliza una versión más sofisticada de este enfoque: el aprendizaje automático. En él, al sistema no se le informa sobre las «reglas» de su entorno; tiene que aprender y adaptarse. Se le permite hacer lo que quiera y obtiene puntuaciones que dependen de si una acción que realiza se considera buena o mala. Con el tiempo, el sistema aprende y puede generar lo que equivale a una nueva estrategia emergente de este proceso. Ya hemos visto esto aplicado al reconocimiento de imágenes y hemos descubierto los posibles problemas que se presentan para que funcione con eficacia.

En otro ejemplo, los sistemas de aprendizaje automático han aprendido a jugar muy bien a algunos juegos sin que se les den las reglas. De nuevo, juegan una y otra vez, inicialmente con movimientos al azar, pero al responder a las «recompensas» por hacer las cosas bien, aprenden gradualmente a mejorar. Jugando al clásico videojuego Breakout, una IA de aprendizaje automático descubrió una técnica inteligente para obtener excelentes puntuaciones colocando una bola detrás de los ladrillos que se deben derribar en el juego. De esta manera, la bola se atasca y golpea los ladrillos repetidamente sin requerir ninguna acción por parte del jugador.

Sin embargo, cabe destacar que algunos han calificado este tipo de aprendizaje automático como «no-inteligencia artificial». Un sistema de aprendizaje automático se adapta, pero no «sabe» lo que está buscando. También vale la pena reiterar que los humanos suelen aprender a reconocer algo nuevo después de ver unas cuantas imágenes; los sistemas de aprendizaje automático necesitan miles de imágenes para aprender de una manera mucho menos fiable. No saben lo que hacen, algo que tendemos a asociar con la consciencia.

Consciencia emergente

En la actualidad, no hay indicios de que los sistemas de inteligencia artificial sean conscientes. Sin embargo, hay un tema muy prolífico en la ciencia ficción: las redes de computadoras podrían volverse cada vez más complejas a medida que se les agregan capacidades adicionales, y al final alcanzan un estado consciente (tenemos una buena muestra en las películas de *Terminator*). Sin embargo, de manera realista, esto es como esperar que una estera de algas adquiera consciencia a medida que se van agregando muchas más células; no basta con tener conectividad entre muchos elementos básicos. Es necesario que existan estructuras específicas para proporcionar lo que describimos como consciencia.

A pesar de la dificultad en crear un sistema adecuadamente complejo para una emergencia apropiada, algunos científicos de la computación creen que es posible diseñar una especie de consciencia. El experto en robótica estadounidense Hod Lipson cree que la clave reside en la «autosimulación», en la que un organismo robot dispone de un modelo mental del comportamiento de su cuerpo, con una interacción entre este y las acciones de aquel. Ha demostrado este principio con un brazo robótico que puede realizar tareas para las que no ha sido entrenado.

Sin embargo, muchos creen que tales dispositivos no consiguen el desarrollo de la consciencia, solo la simulan. El caso es que un organismo consciente no solo podría, por ejemplo, recoger algo sin ser entrenado explícitamente para hacerlo, sino que decidiría que eso es algo que desea hacer, en lugar de decirle que lo haga. Se podría especular sobre si debería ser emergente mucha más programación para tener una oportunidad real de obtener algo como la consciencia o incluso la vida básica.

Aun así, la vida existe. Somos conscientes. Estas propiedades han surgido en parte debido a la adaptación en los sistemas complejos que son los seres vivos. Y eso es realmente asombroso.

→
El AlphaGo Master
Un momento de la partida entre el campeón mundial de *go* y el sistema AlphaGo; el *software* ganó por 3 a 0.

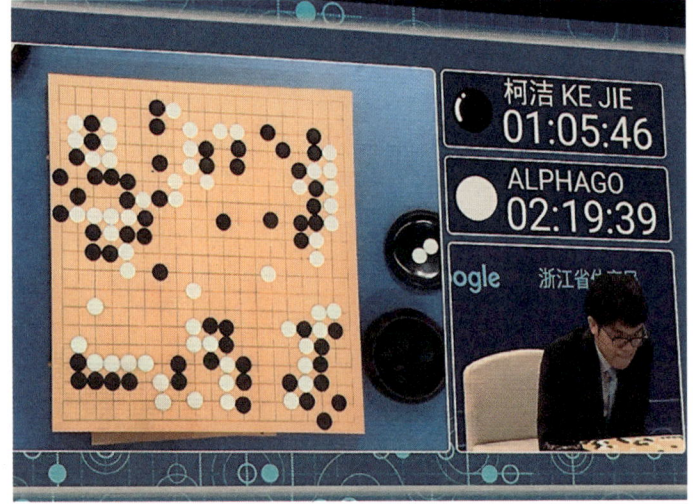

Bienvenidos al caos y la complejidad

«Si nuestros cerebros fueran lo suficientemente
simples como para entenderlos, seríamos
tan simples que no podríamos».
Ian Stewart, 1945–

El mundo real es complejo y caótico

Los sistemas complejos que conducen al caos y la emergencia son fascinantes y pueden parecer muy extraños. Sin embargo, debemos tener en cuenta que no se trata de casos especiales; el mundo real está lleno de tales sistemas. En realidad, la complejidad es la norma y a menudo sobreviene el caos. Solo en algunos ámbitos muy restringidos que la ciencia suele escoger para su estudio, precisamente porque con ello se reduce la complejidad, podemos dejarla de lado e ignorarla.

Esto suele ser posible para los físicos, aunque todavía tienen que hacer frente a turbulencias, problemas de varios cuerpos y más. Pero para los biólogos, los economistas, los meteorólogos y otros que se ocupan de sistemas complejos de forma natural, no hay modo de escapar de la complejidad y el caos.

Por esta razón, por ejemplo, es tan difícil realizar buenos estudios sobre recomendaciones dietéticas. Para soslayar la complejidad y mantenerse alejados del caos, los científicos intentan, en la medida de lo posible, eliminar tantos factores como pueden, en una técnica de control de «igualación», cualesquiera que sean los factores. Por ejemplo, si se desea determinar el efecto del consumo de una sustancia en particular se parte de un conjunto de individuos que están controlados en los otros factores: en la medida de lo posible, todos se alimentan exactamente de la misma manera y se mantienen en el mismo entorno, y solo varía el único factor que interesa a los científicos.

Desafortunadamente para los científicos (aunque por suerte para los individuos), este enfoque rara vez es posible cuando estos son seres humanos. Una cosa es hacerlo con moscas de la fruta o ratones y otra con un grupo de personas.

Como alternativa, lo que se intenta es modificar los datos para intentar eliminar el impacto de otros factores. Pero esto suele ser prácticamente imposible. Por ejemplo, se oye decir a menudo que la «dieta mediterránea» es buena. Es una dieta rica en verduras, frutas, legumbres, cereales, pescado y grasas insaturadas como el aceite de oliva, pero relativamente baja en carnes y lácteos. Lo que no está del todo claro es si basta con ingerir los mismos alimentos que aquellos que parecen beneficiarse de dicha dieta, o si hay muchos otros factores que son especiales e influyen en su salud: el clima, la cultura, vivir cerca del mar, la cantidad de ejercicio que hacen, etcétera; todo esto podría influir en el resultado.

El maravilloso cangrejo marmolado de río (*Procambarus fallax* f. *virginalis*)

Para complicar aún más las cosas, debemos considerar el tema de una forma de cangrejo. Se trata de una variante del cangrejo azul de Florida, descubierta en Alemania, que es partenogenética, es decir, se reproduce asexualmente: las crías son clones de su progenitora. Se consideró que estos cangrejos constituían el medio ideal para determinar hasta qué punto la influencia de la genética y del medio ambiente influyen en el desarrollo del animal.

En un experimento, se crio un grupo de cangrejos de esta especie en lo que se consideraron condiciones idénticas. Se mantuvieron a la misma temperatura, con la misma iluminación, cantidad de alimento e incluso una sola persona se encargó de su cuidado (para que tampoco hubiera diferencias en él). Dado que todos los ejemplares eran clones, deberían haber sido idénticos genética y ambientalmente. Sin embargo, resultaron enormemente diferentes, desde su vida útil a su interacción social.

Parece probable que los experimentadores no concibieran la realidad de que el complejo sistema constituido por estos cangrejos y su entorno era inevitablemente caótico. Se hicieron esfuerzos para mantener la coherencia, pero algunas diferencias muy pequeñas en las condiciones iniciales dieron como resultado grandes diferencias. Es probable que estas diferencias fueran tanto genéticas (los clones tienen sutiles diferencias debido a errores de copia y daños del ADN) como ambientales, con pequeñas variaciones en el ambiente que dieron como consecuencia grandes diferencias en el resultado.

Clones
Un clon se inicia con una copia idéntica del ADN de otro organismo. Los gemelos idénticos y las crías de la reproducción partenogenética son clones naturales, en tanto que también se pueden crear clones artificialmente de un óvulo al que se ha insertado ADN.

No hay panacea, pero sí comprensión

Cuando se descubrió por primera vez la teoría del caos y, más tarde, las matemáticas de la complejidad, se pensó que marcarían una gran diferencia en nuestra capacidad para lidiar con un mundo complejo y caótico. No es así. El caos sigue siendo en gran parte impredecible. Realmente ni siquiera entendemos cómo ocurren las capacidades emergentes más simples de los sistemas. Pero lo que ha logrado la teoría es que nos sintamos más cómodos con la forma en que se comportan tales sistemas y, cuando es posible, hacer uso de sus resultados como, por ejemplo, utilizando el método de pronósticos combinados, para hacer frente al impacto del caos.

Las teorías subyacentes al caos y la complejidad nos ayudan a comprender por qué el mundo que nos rodea no es como proponen nuestros modelos simples de cómo deberían comportarse las cosas. Y, con seguridad, eso es algo grandioso.

Tormenta supercelda
El caos en acción: estructura de una tormenta «supercelda» emergente en Kansas, Estados Unidos.

Índice

Créditos de las imágenes

Agradecemos a las siguientes entidades y personas
por habernos proporcionado las imágenes que
se presentan en este libro:

Alamy / Steve Bloom Images: 81; BSIP SA: 220;
Vasin Leenanruska: 44; Mauritius Images GmbH: 203;
Mediscan: 117; Derry Robinson: 216; Scharfsinn: 169;
Science History Images: 57; Marc Tielemans: 74;
David Tipling Photo Library: 10; World History
Archive: 166

British Library: 21

ECMWF, European Centre for Medium-Range Weather
Forecasts (Centro Europeo de Predicción Meteorológica
a Plazo Medio): 111, 112, 113

Flickr / Joseph O'Brien: 219C; Katja Schulz: 219i;
Bernard Spragg: 219s

Getty Images/Christophe Archambault: 46; Hill Street
Studios: 152; Scott Olson: 159; Li Wenyao / Global Times /
Visual China Group: 246

Library of Congress, Washington, D. C.: 18, 61, 242

© Andy Lomas: 11, 49, 83, 115, 149, 183, 213

NASA: 54, 62, 104, 190, 195, 222

Nature Picture Library / Floris van Breugel: 180

NOAA: 226, 227

Österreichische Nationalbibliothek: 23

Rijksmuseum: 7

Science Photo Library: 93

Shutterstock / Claudia G. Cooper: 108; Cammie
Czuchnicki: 250; Andrey Eremin: 73; Pandapaw: 16;
Pjessop: 118; Sergio Sergo: 144; SIN1980: 233; Taiga: 17;
Richard Wozniak: 34

US Air Force: 187

Tyler Vigen, tylervigin.com: 157

Wellcome Collection: 39, 88

Wikimedia Commons / Berndthaller: 211; Wolfgang
Beyer: 139, 140, 141; EduardoMSNeves: 66; Adam
Evans: 68; Ittiz: 100; Niabot: 138; Beojan Stanislaus: 137;
Wikimol: 126

Hemos procurado por todos los medios localizar
y acreditar a los detentores de los derechos de
las imágenes reproducidas. El editor agradecerá
cualquier información relativa a cualquier
omisión no intencionada.